Ce Livre Appartient A:

....

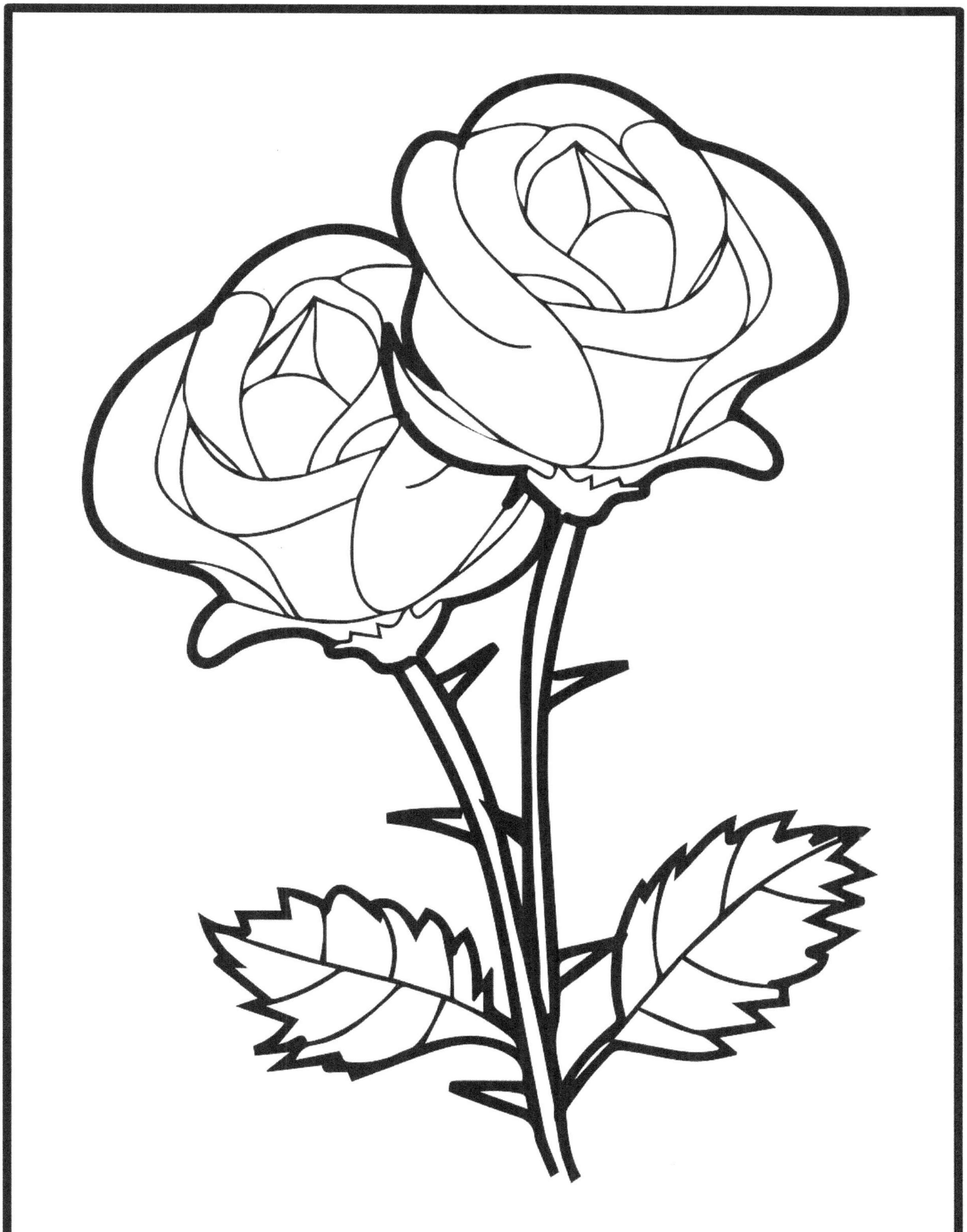

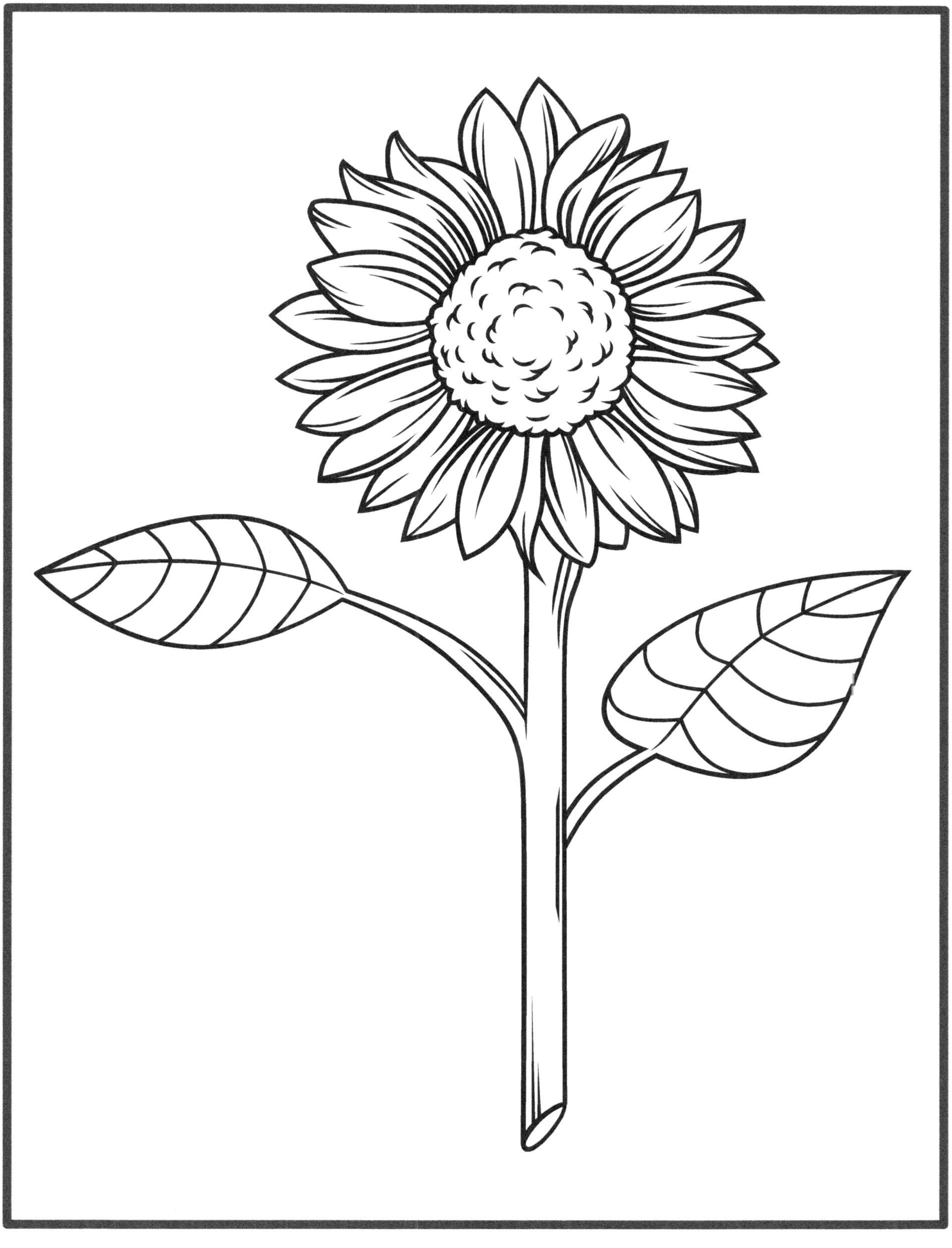

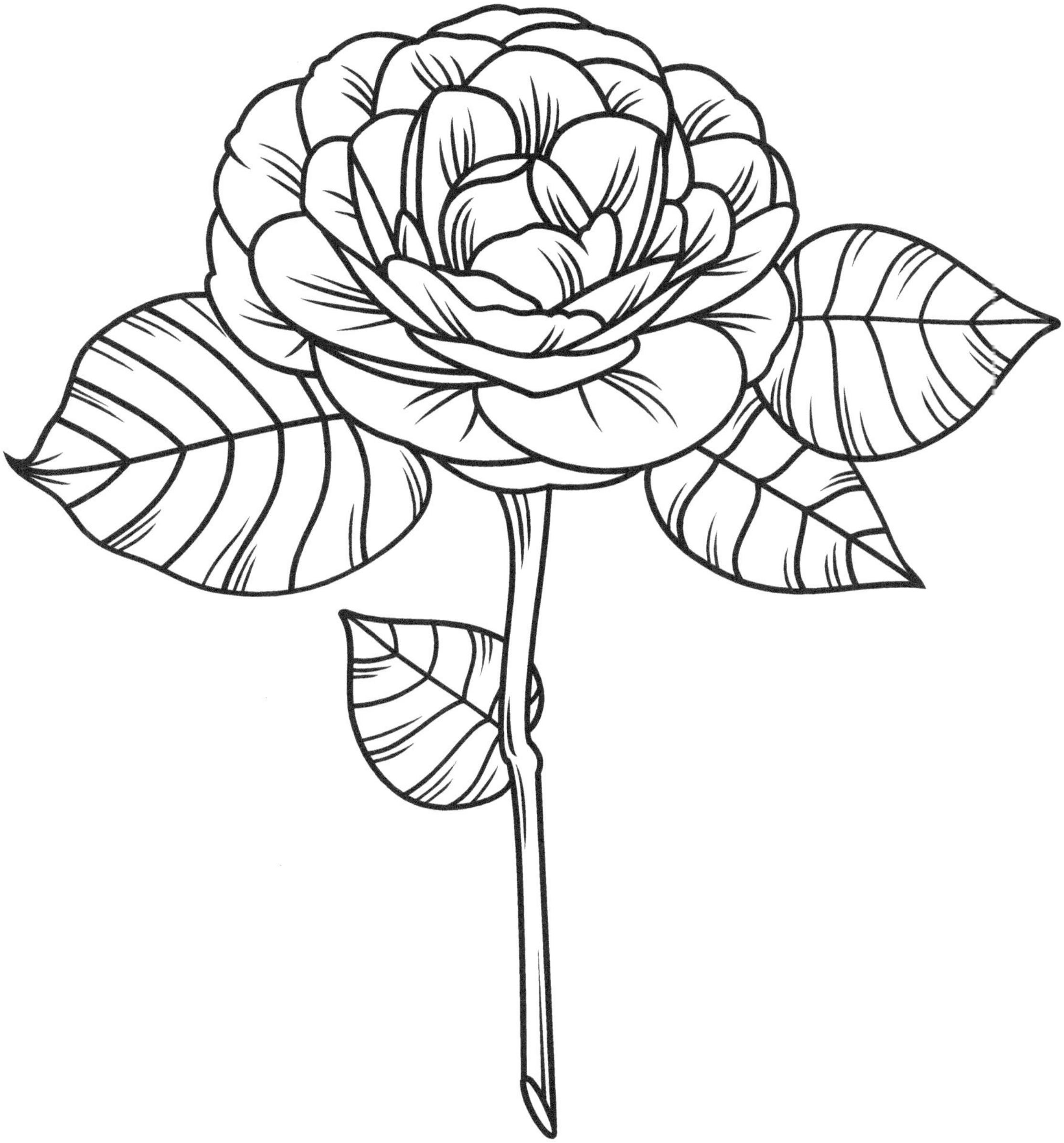

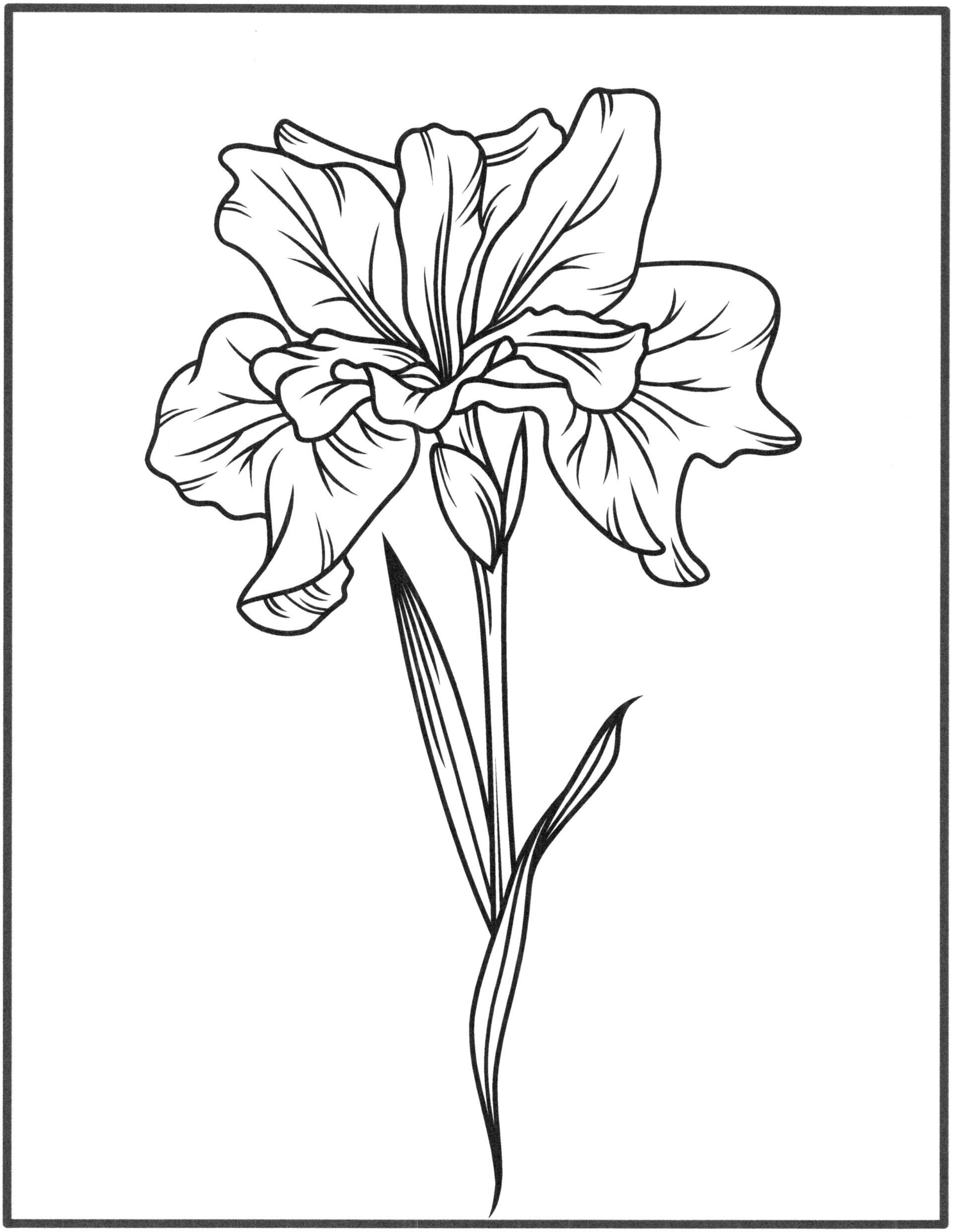

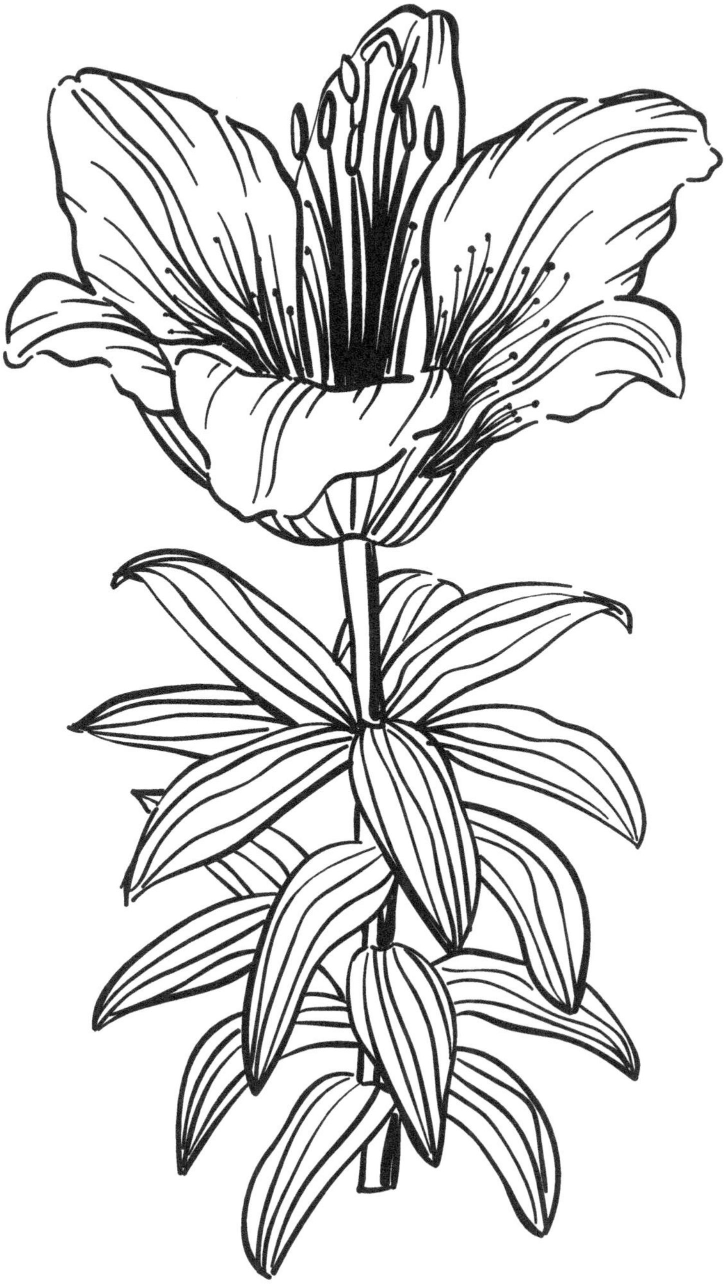

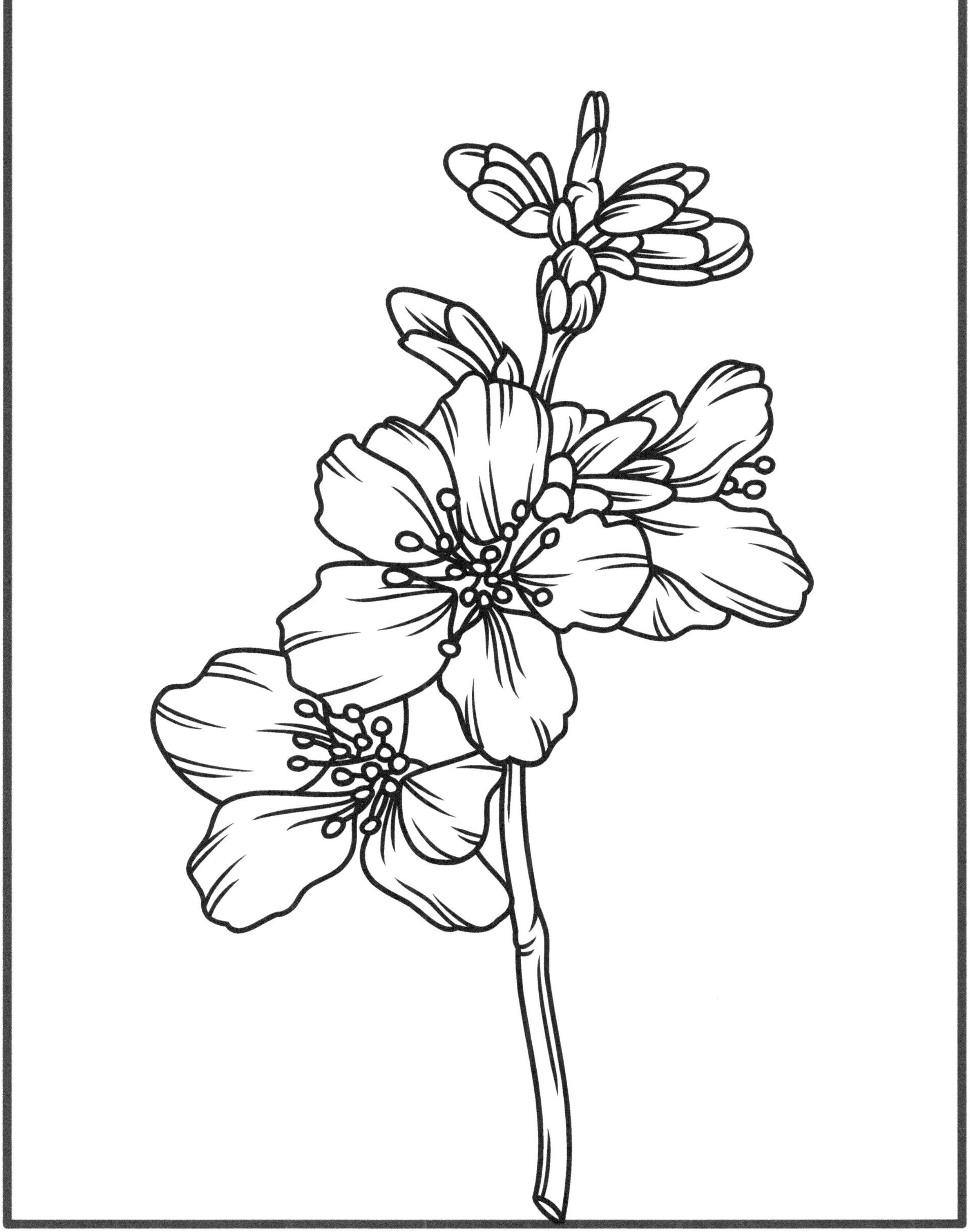

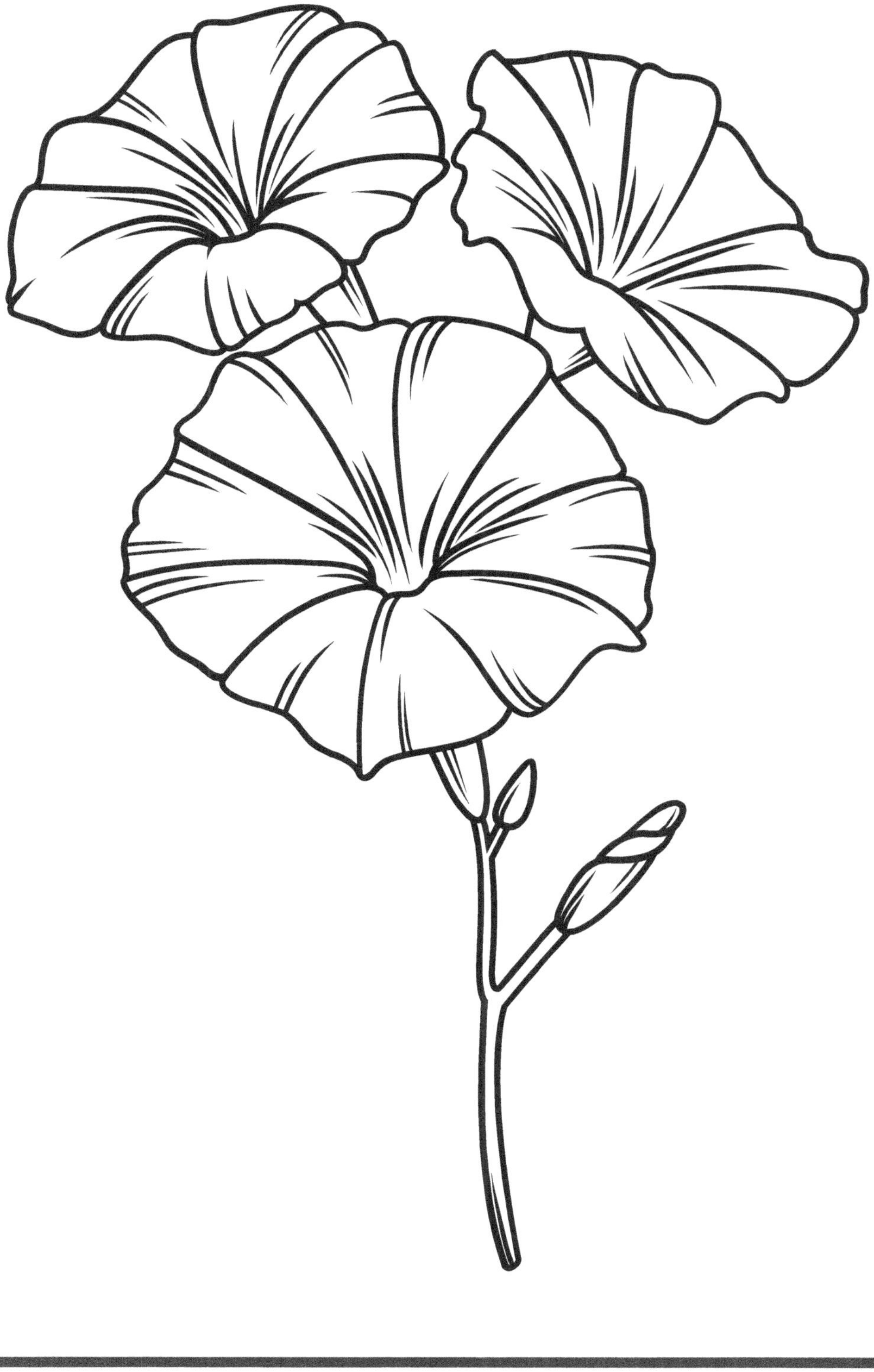

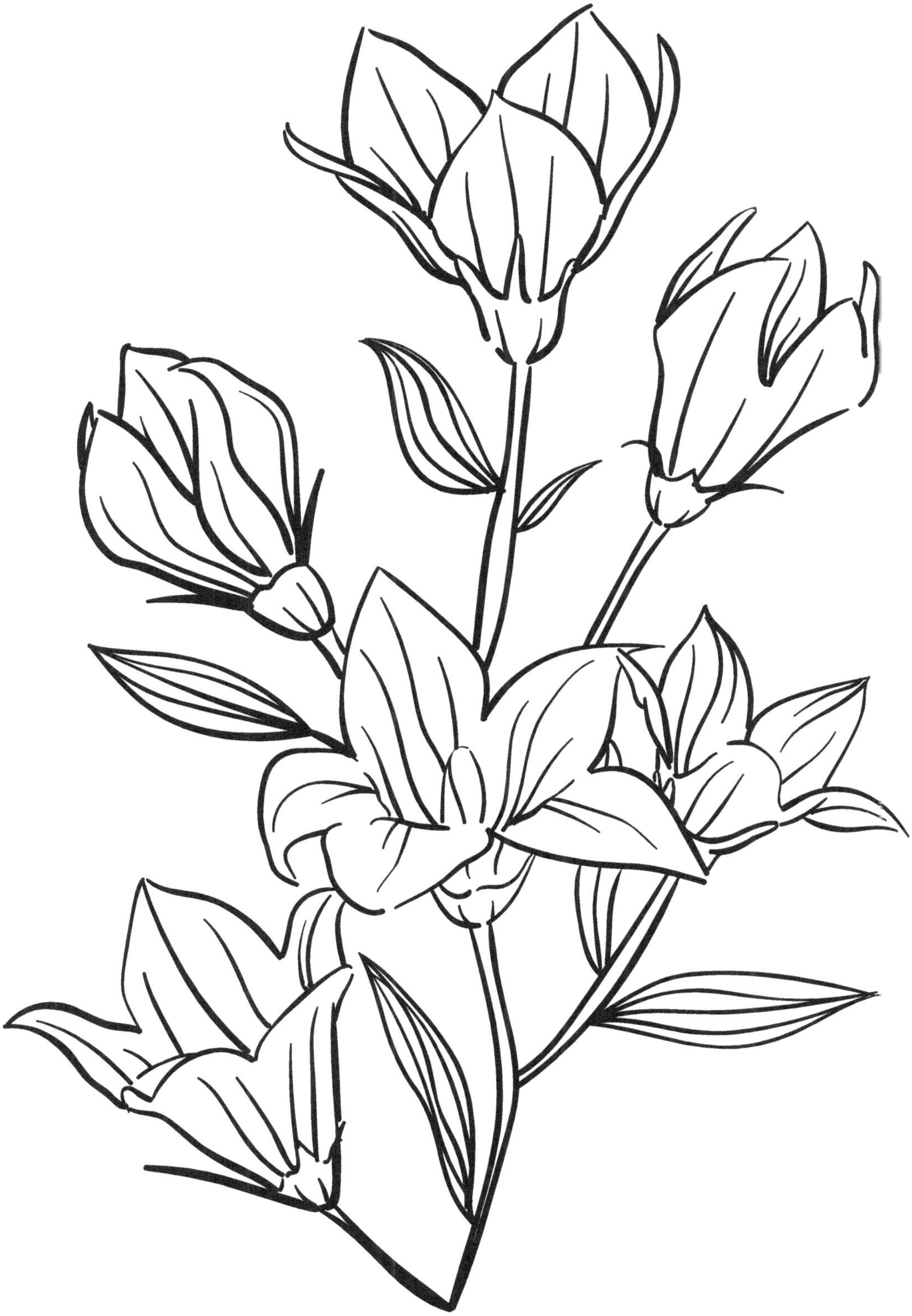

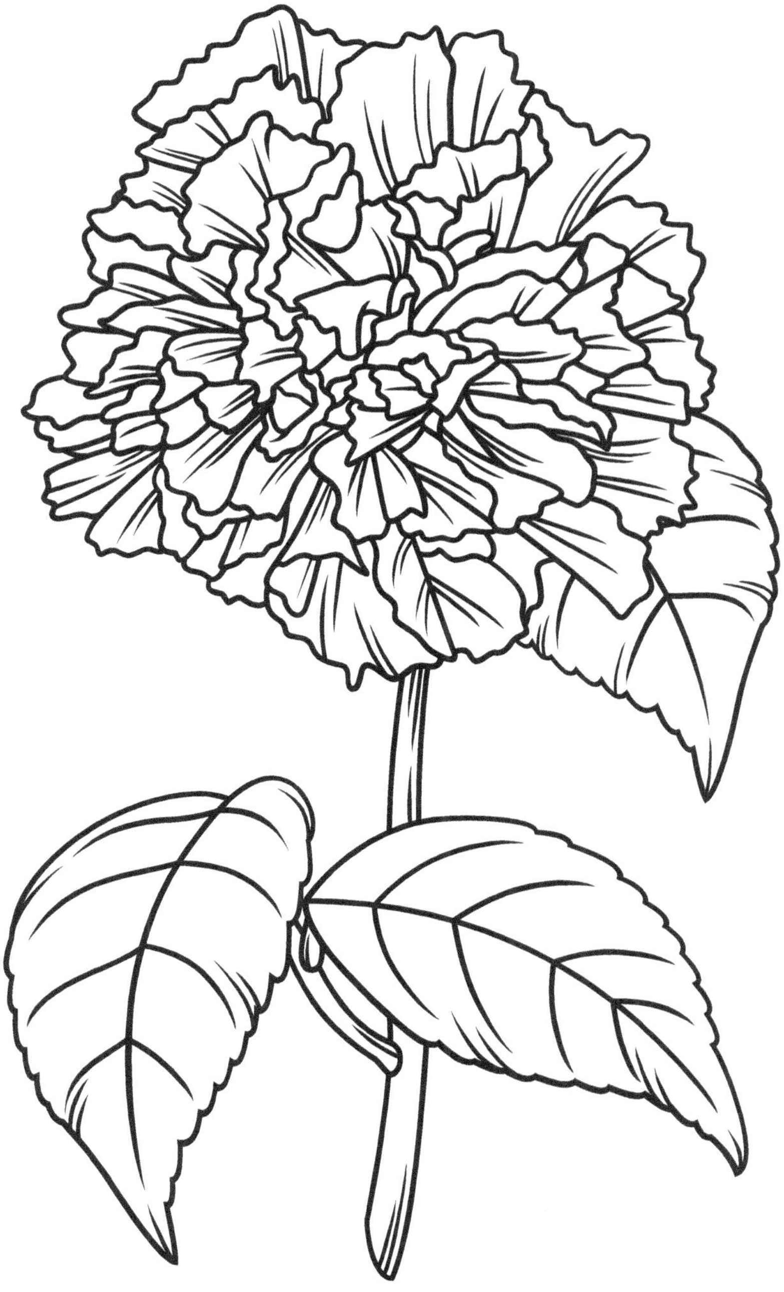

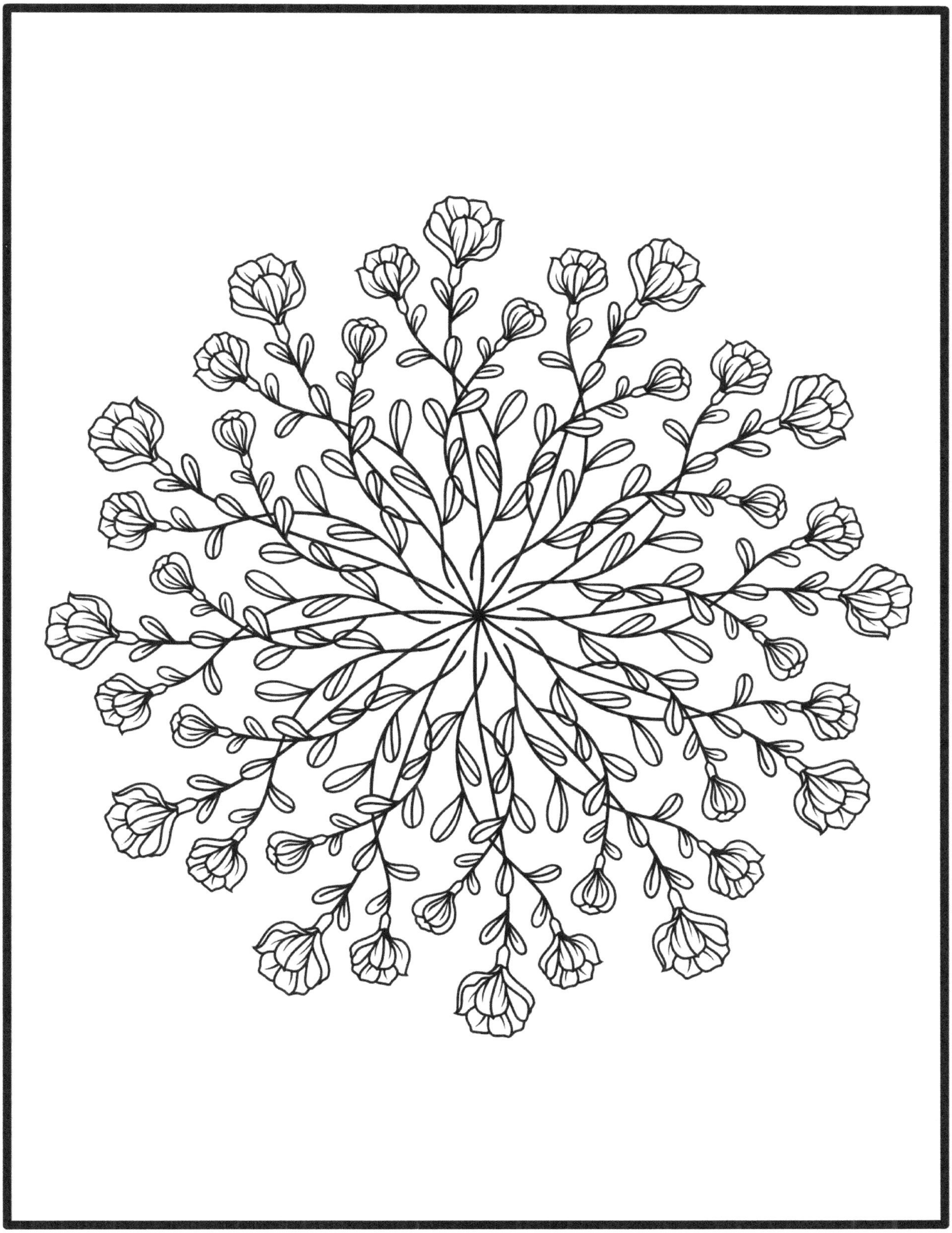

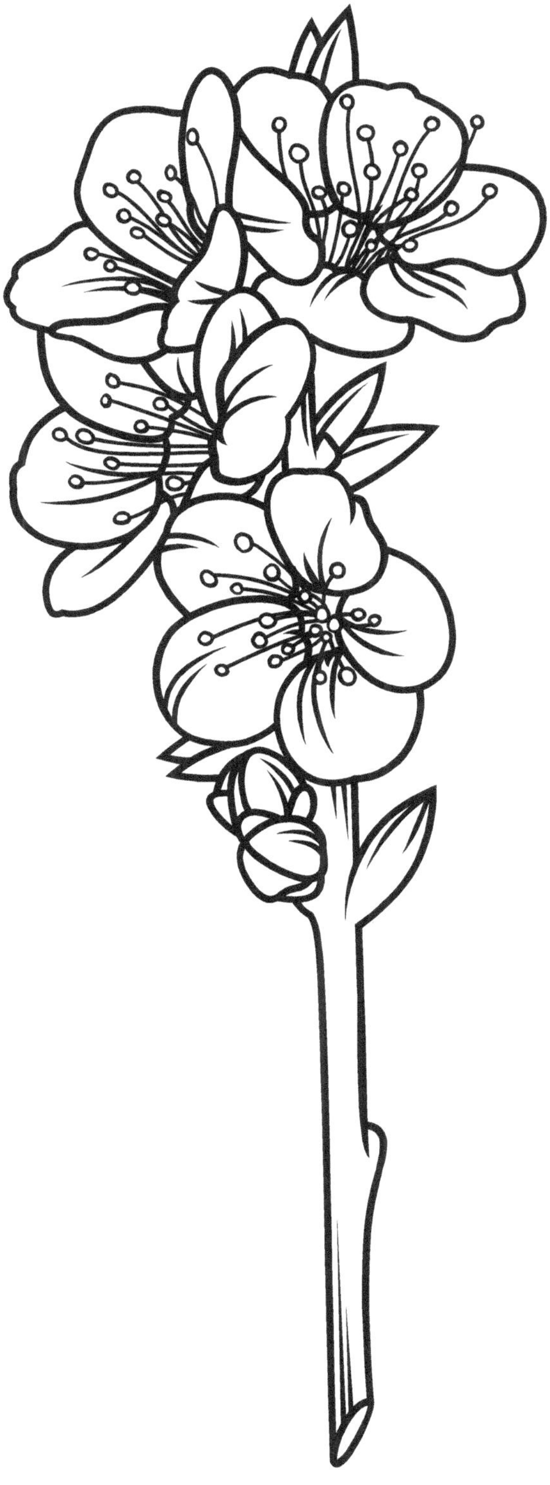

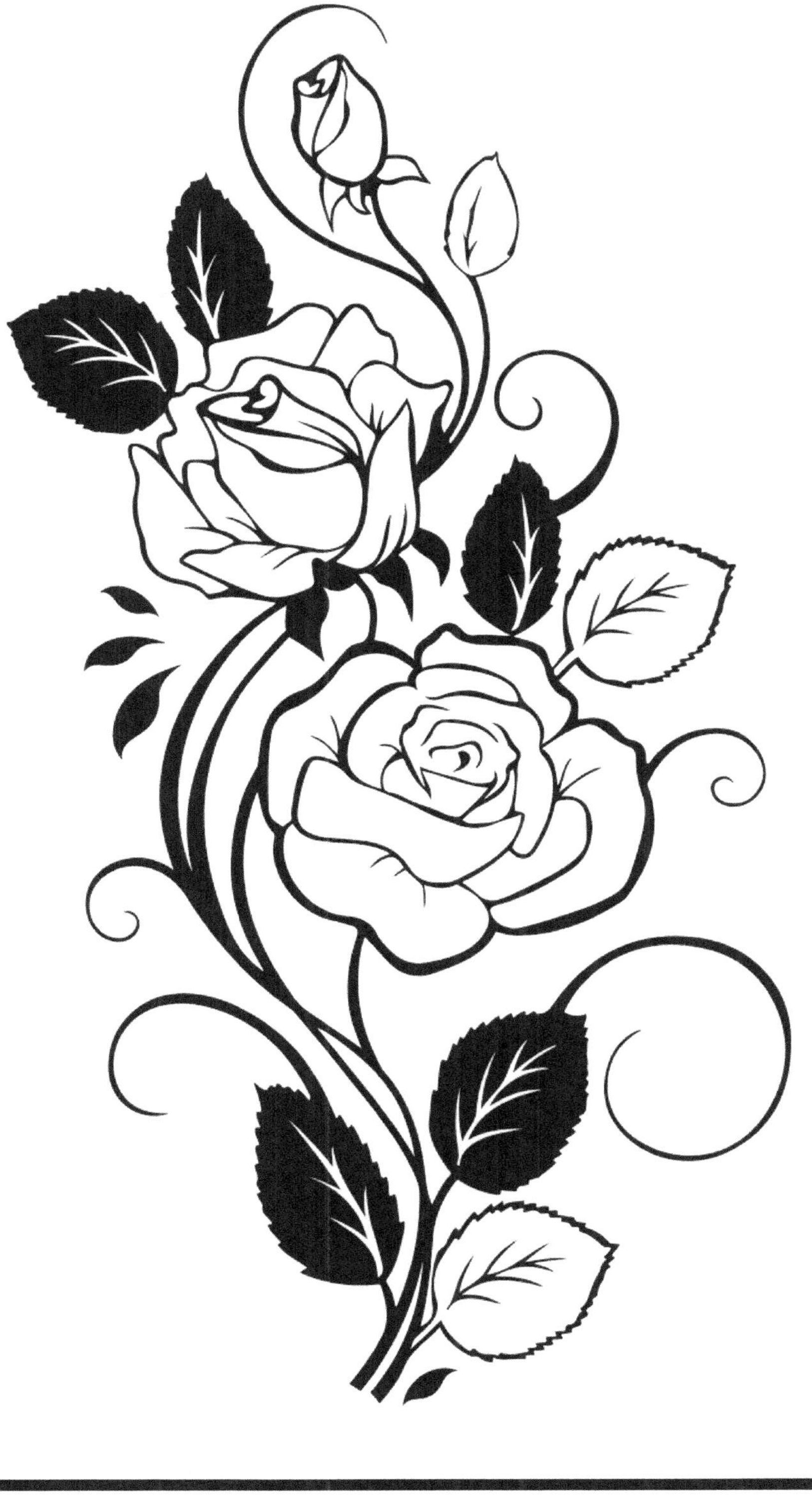

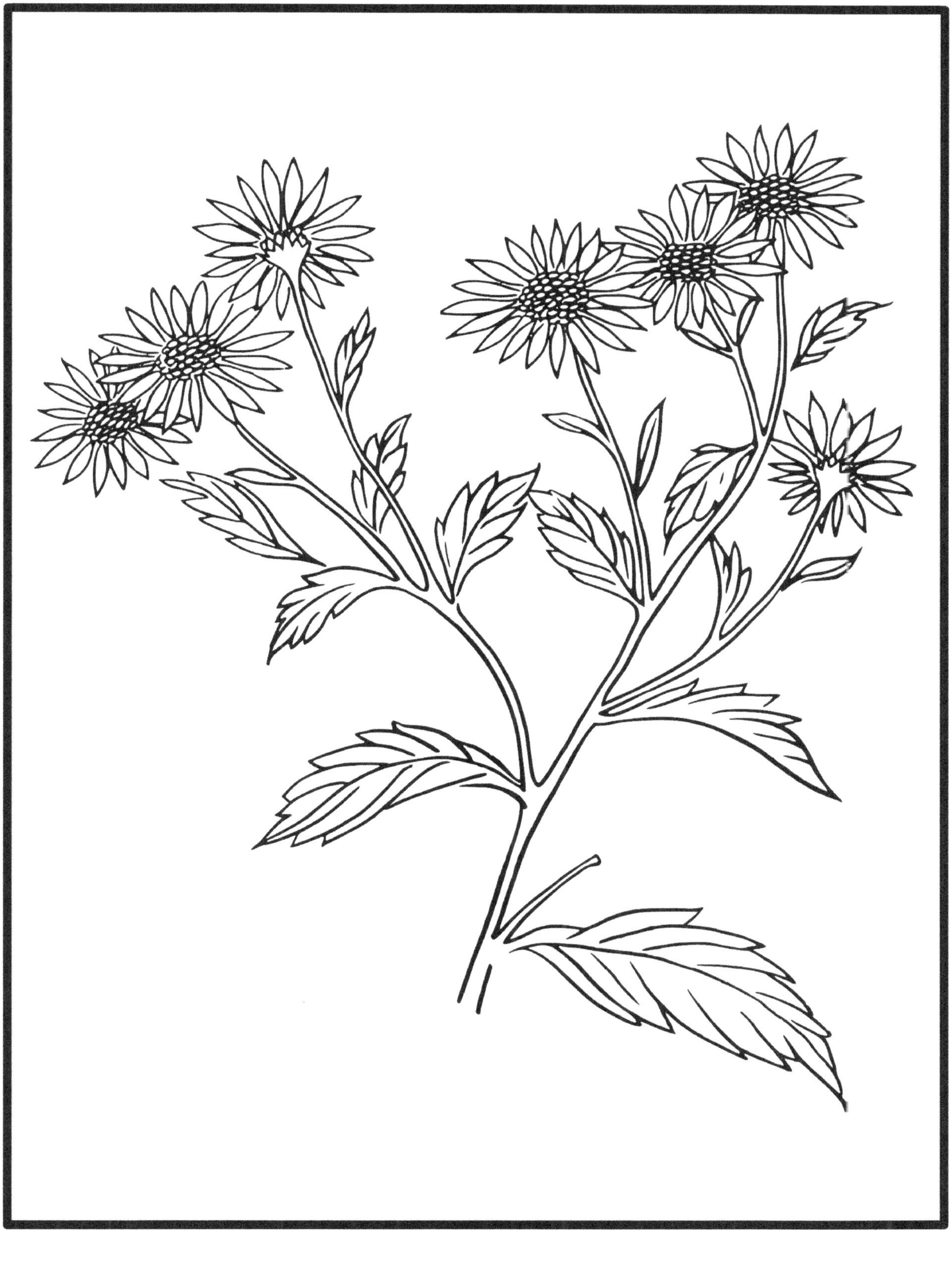

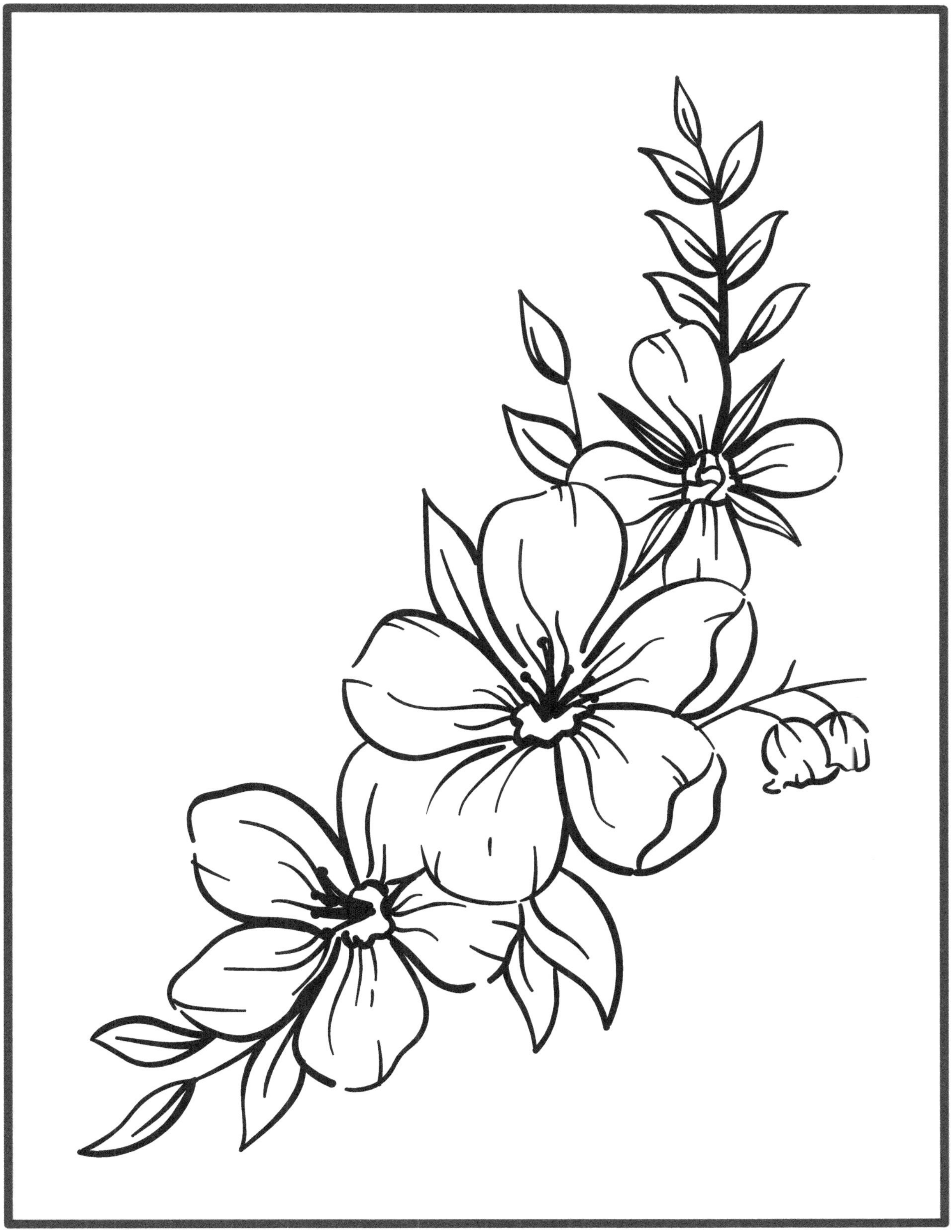

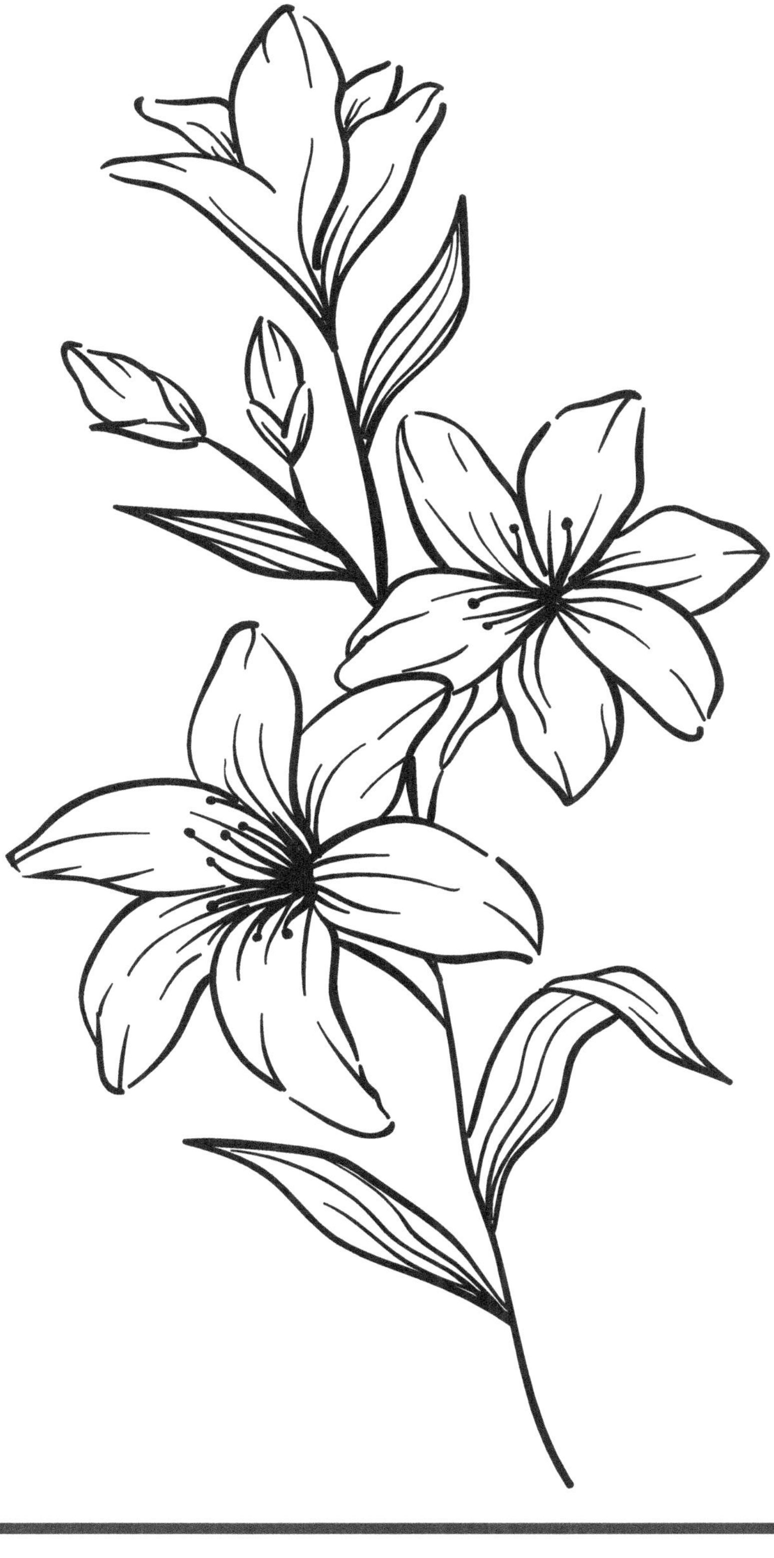

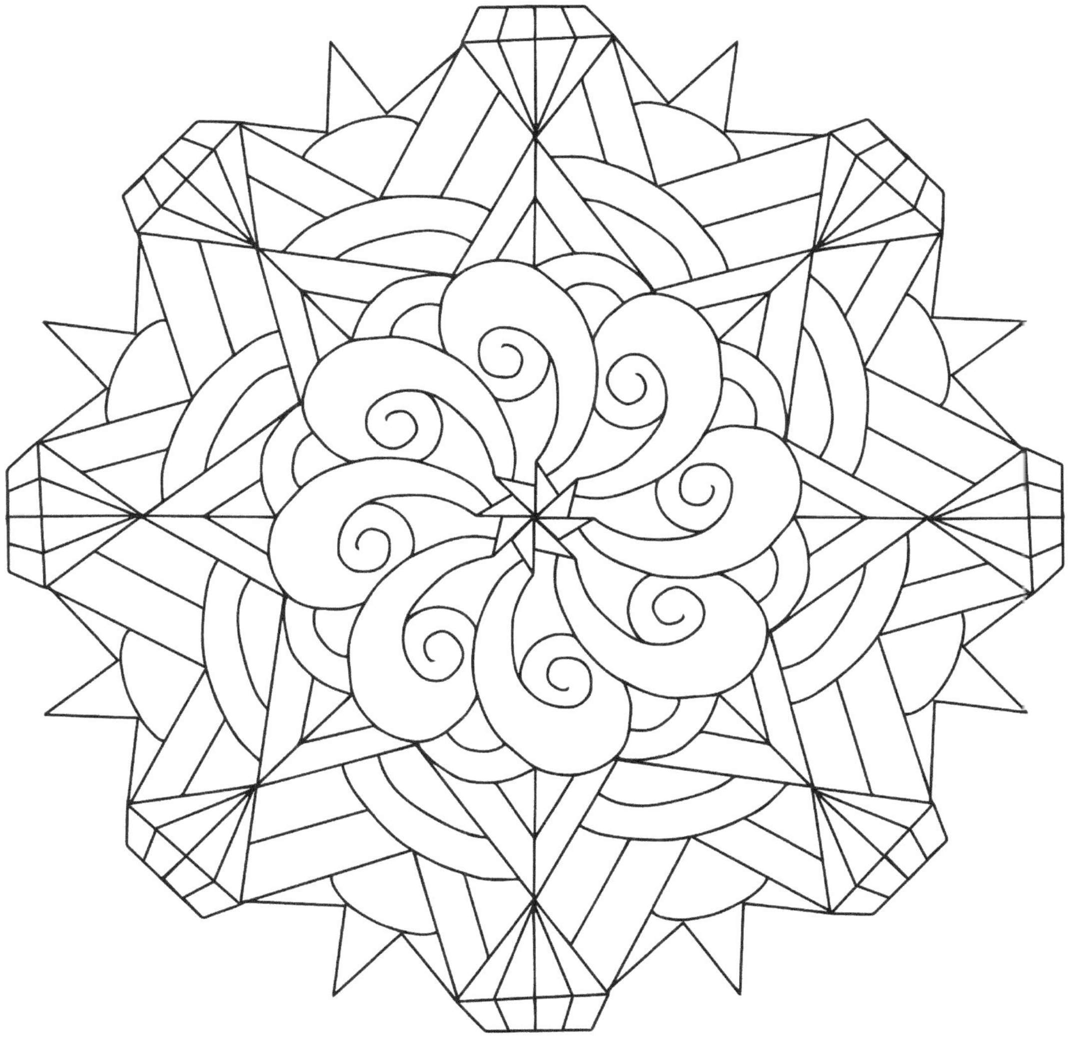

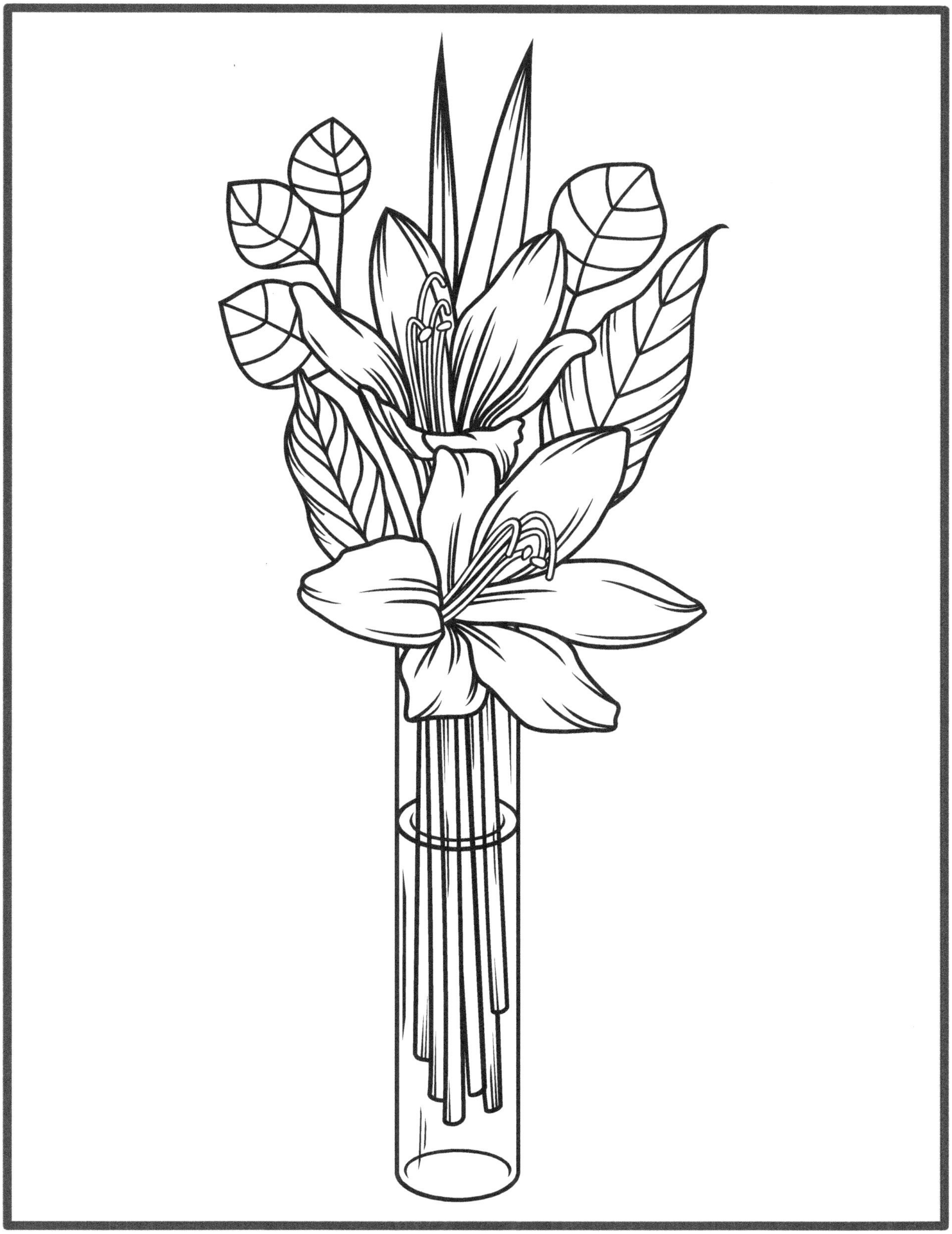

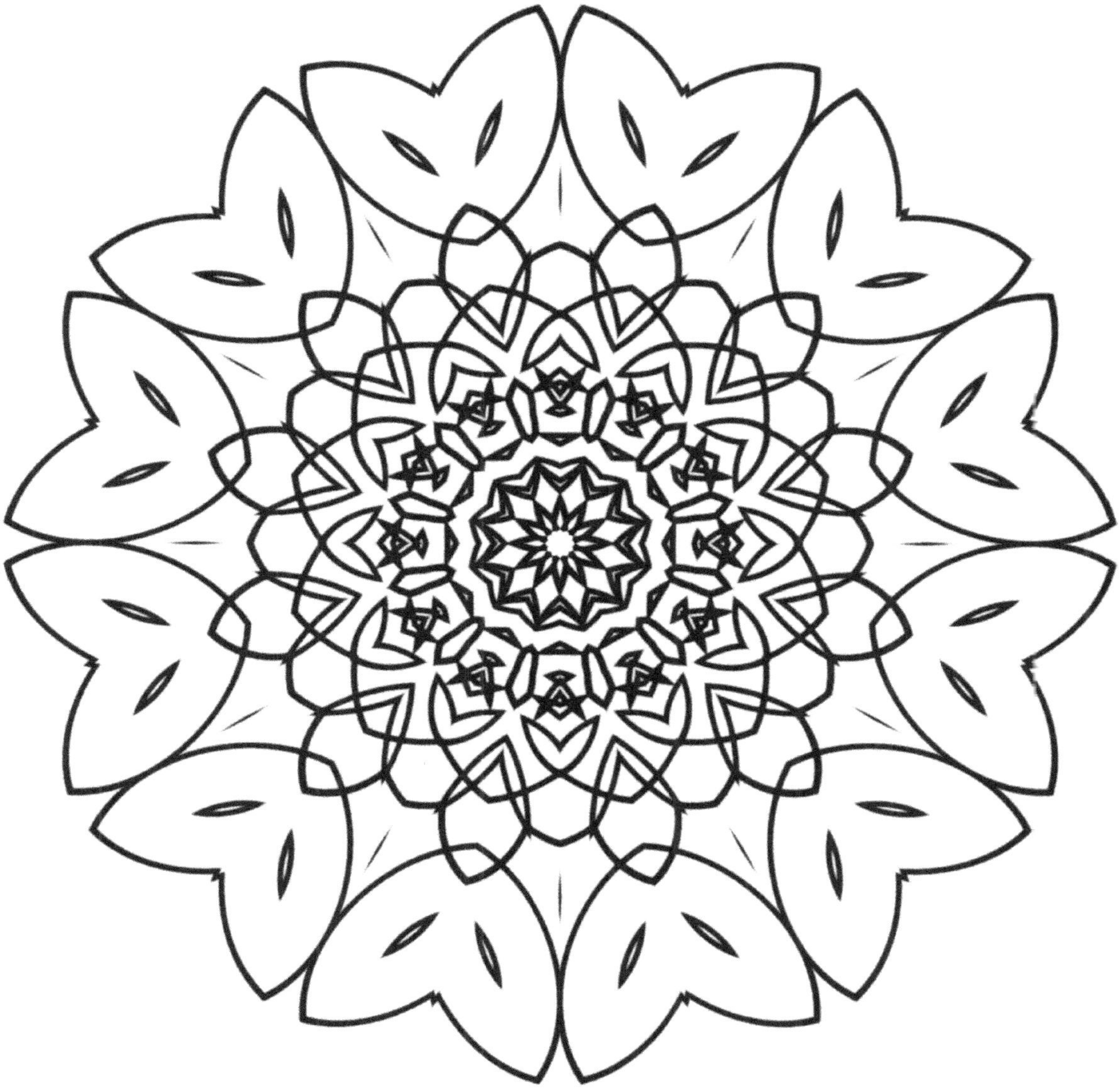

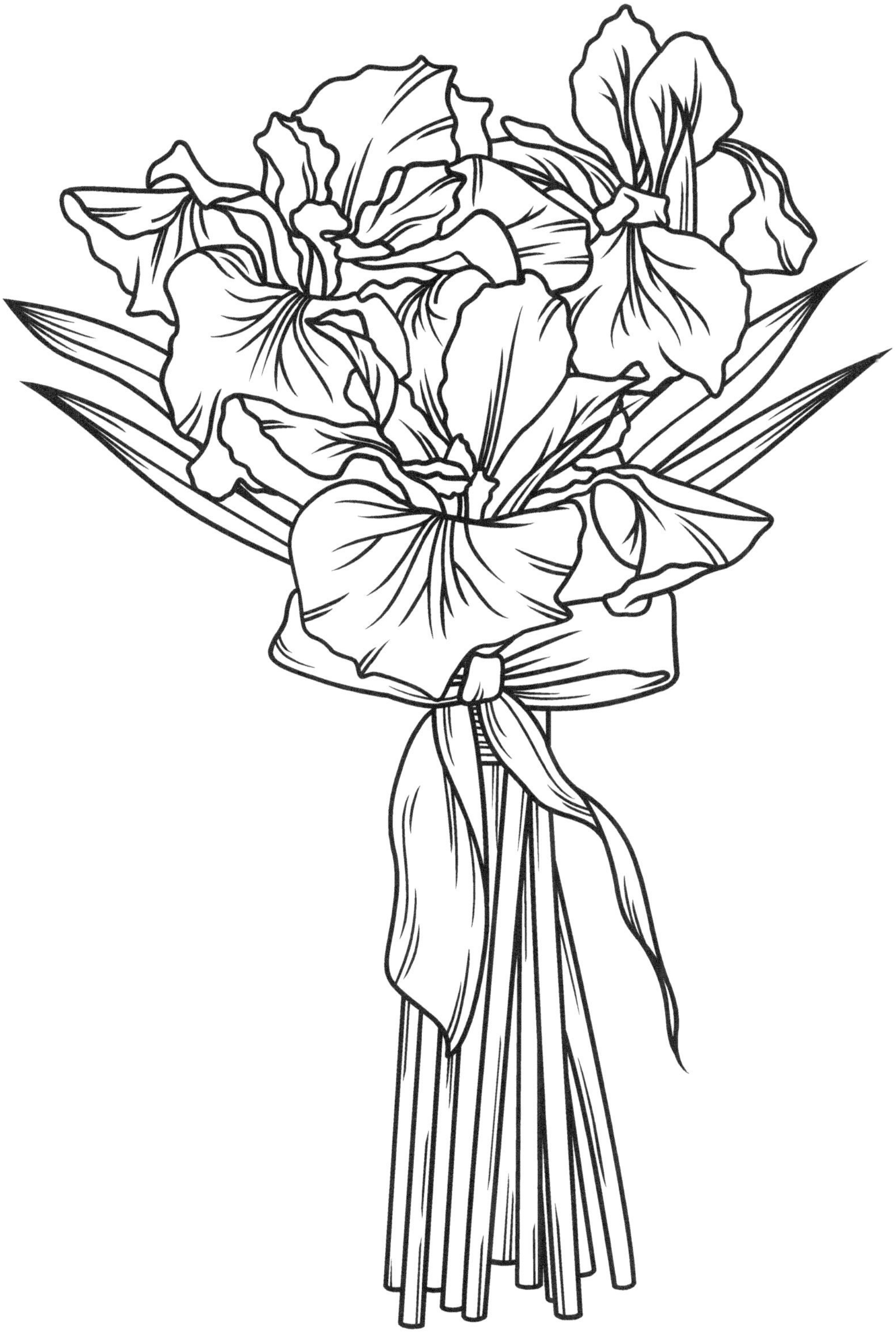

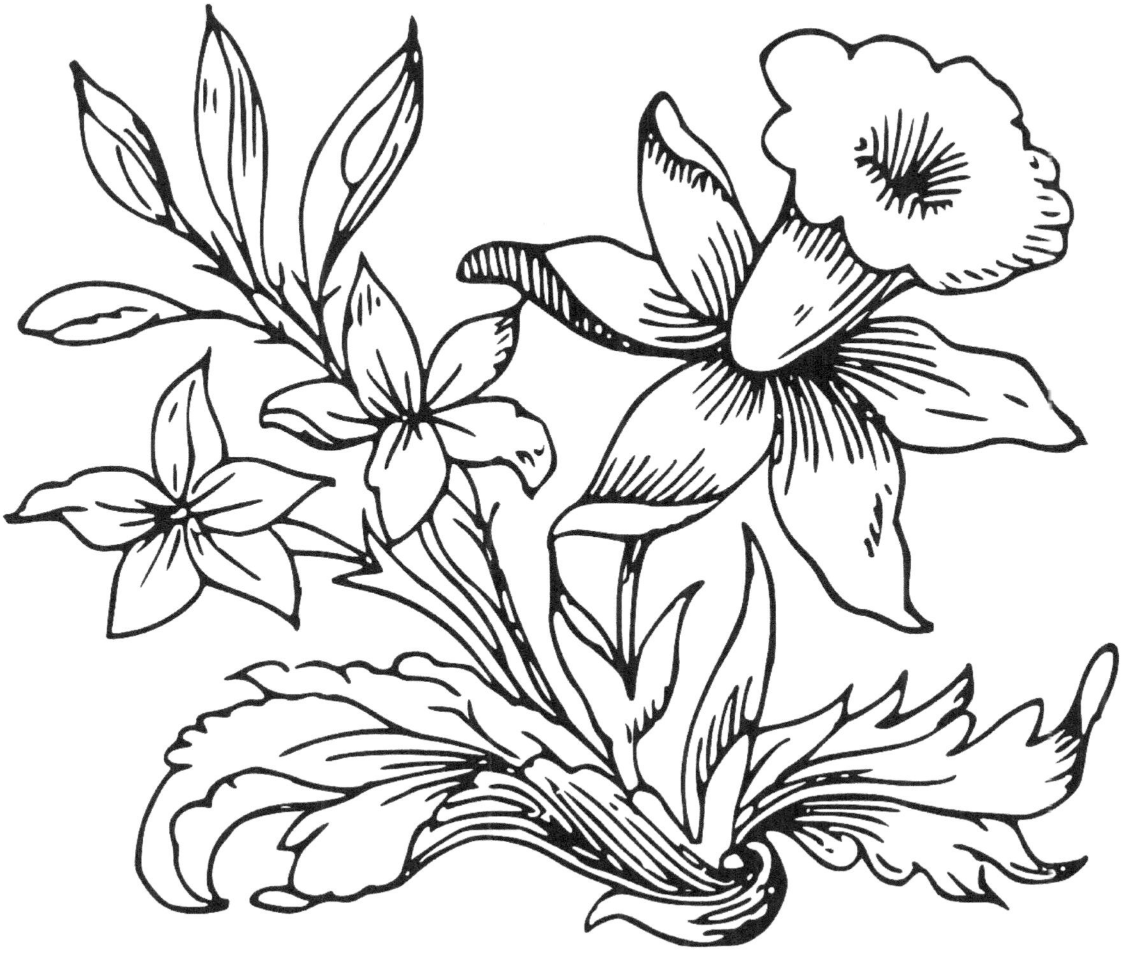

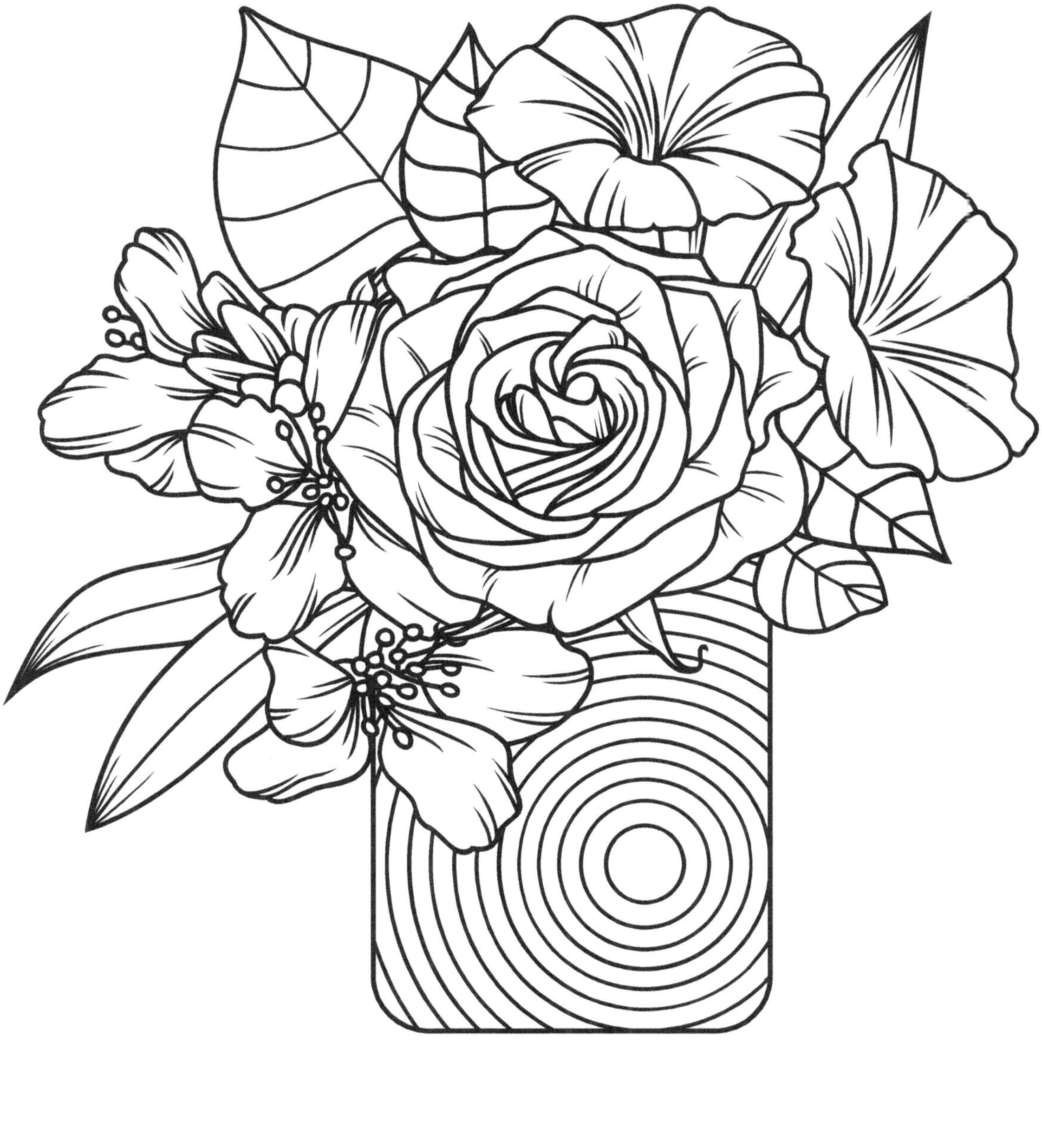

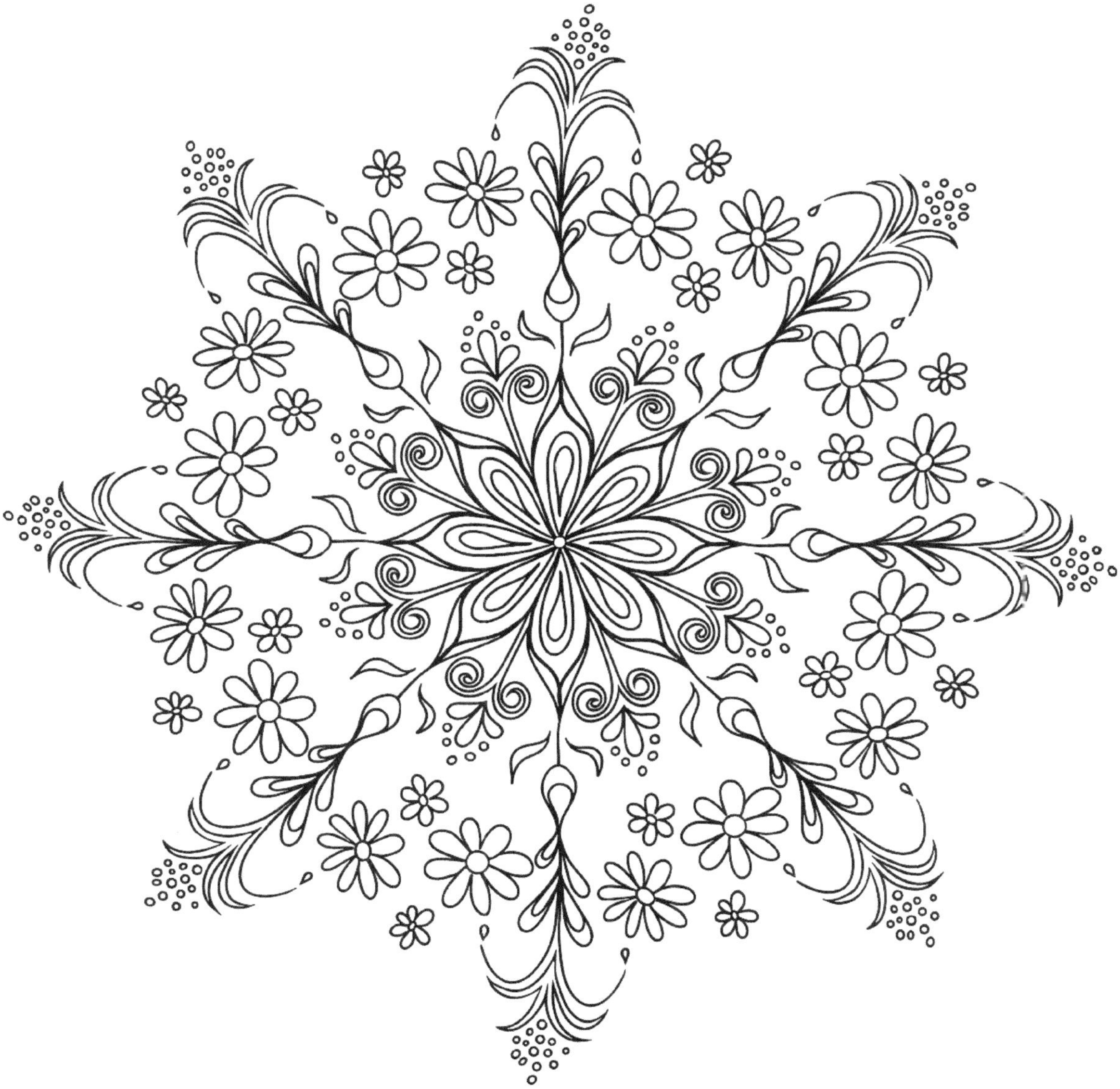

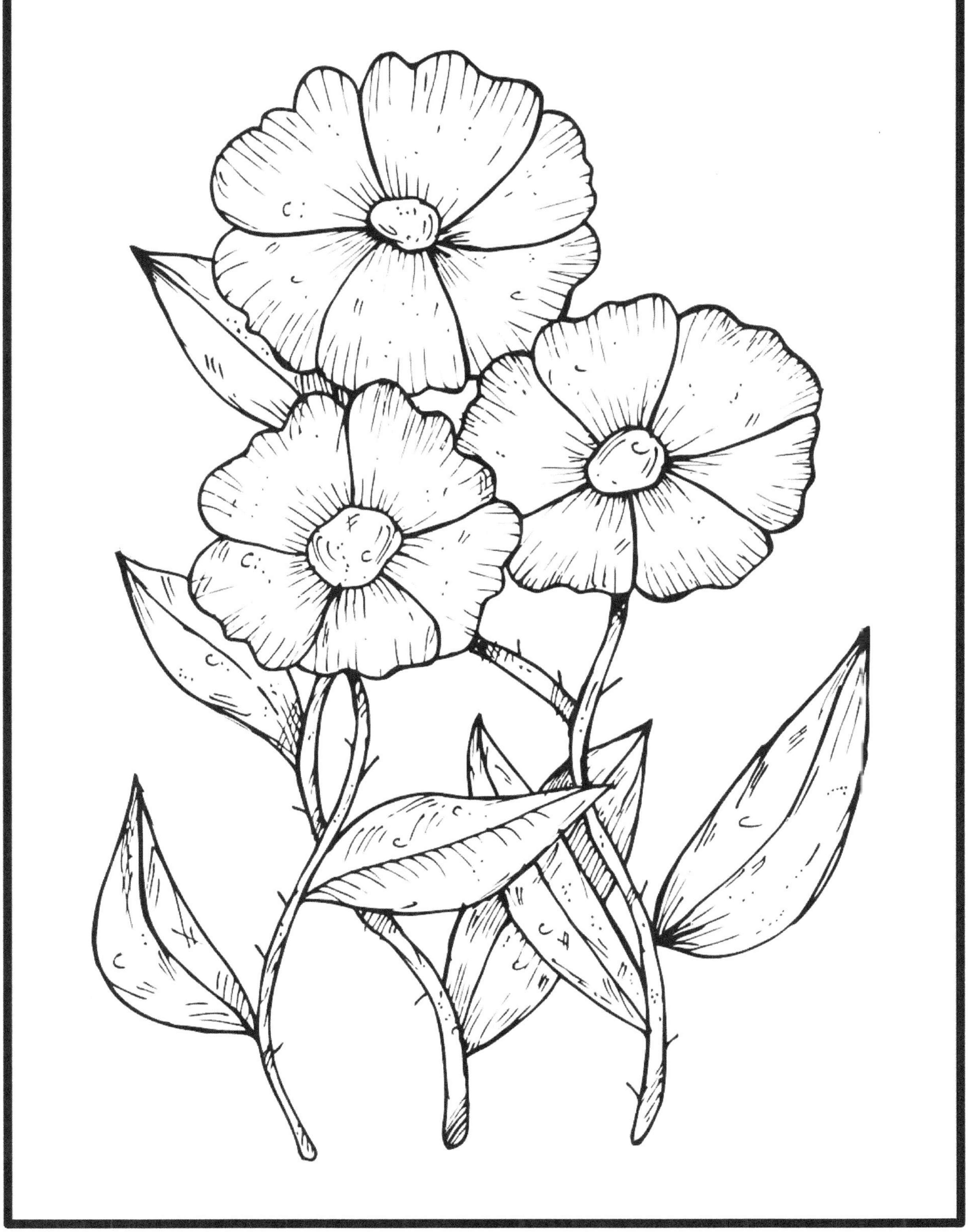

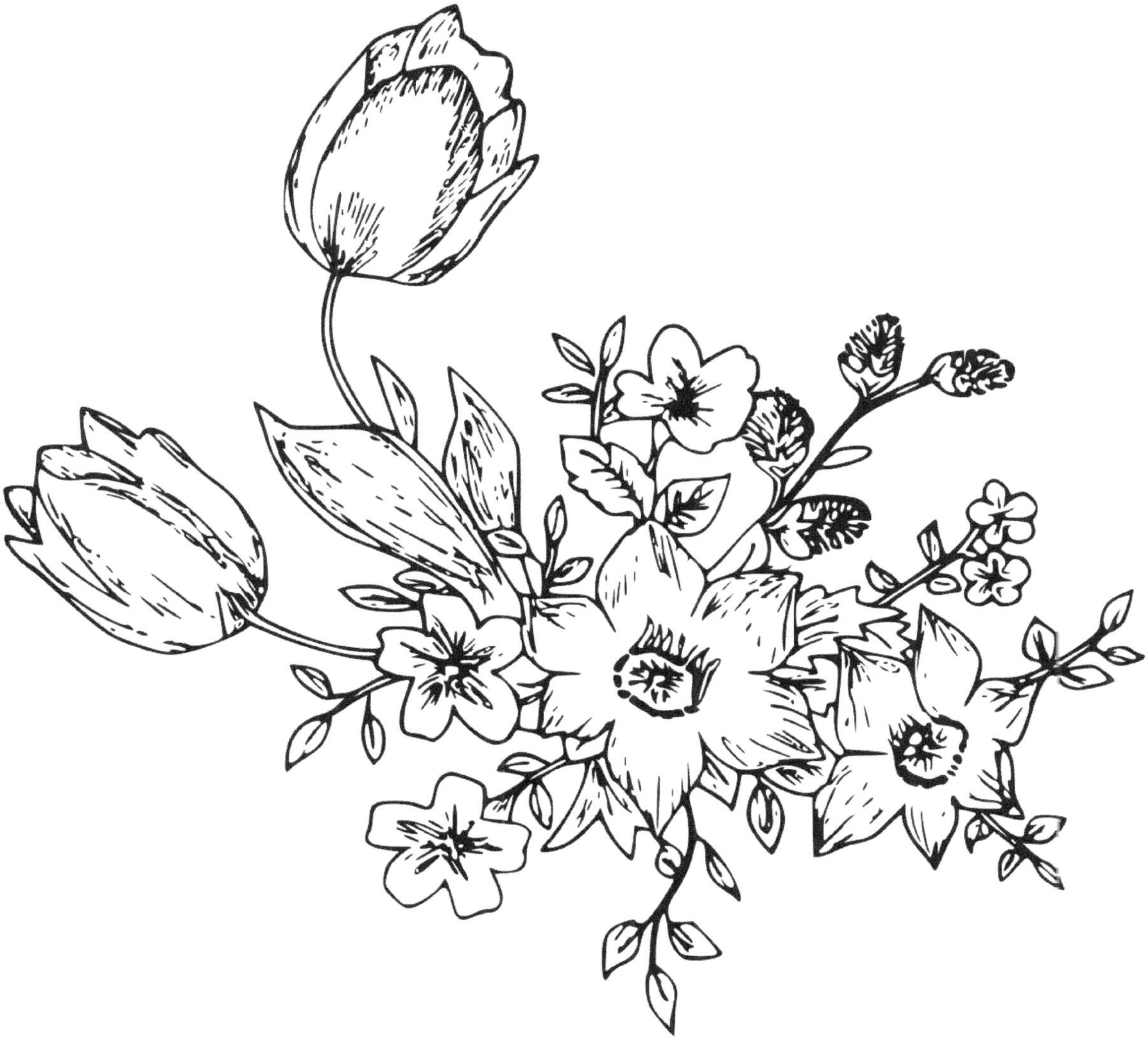

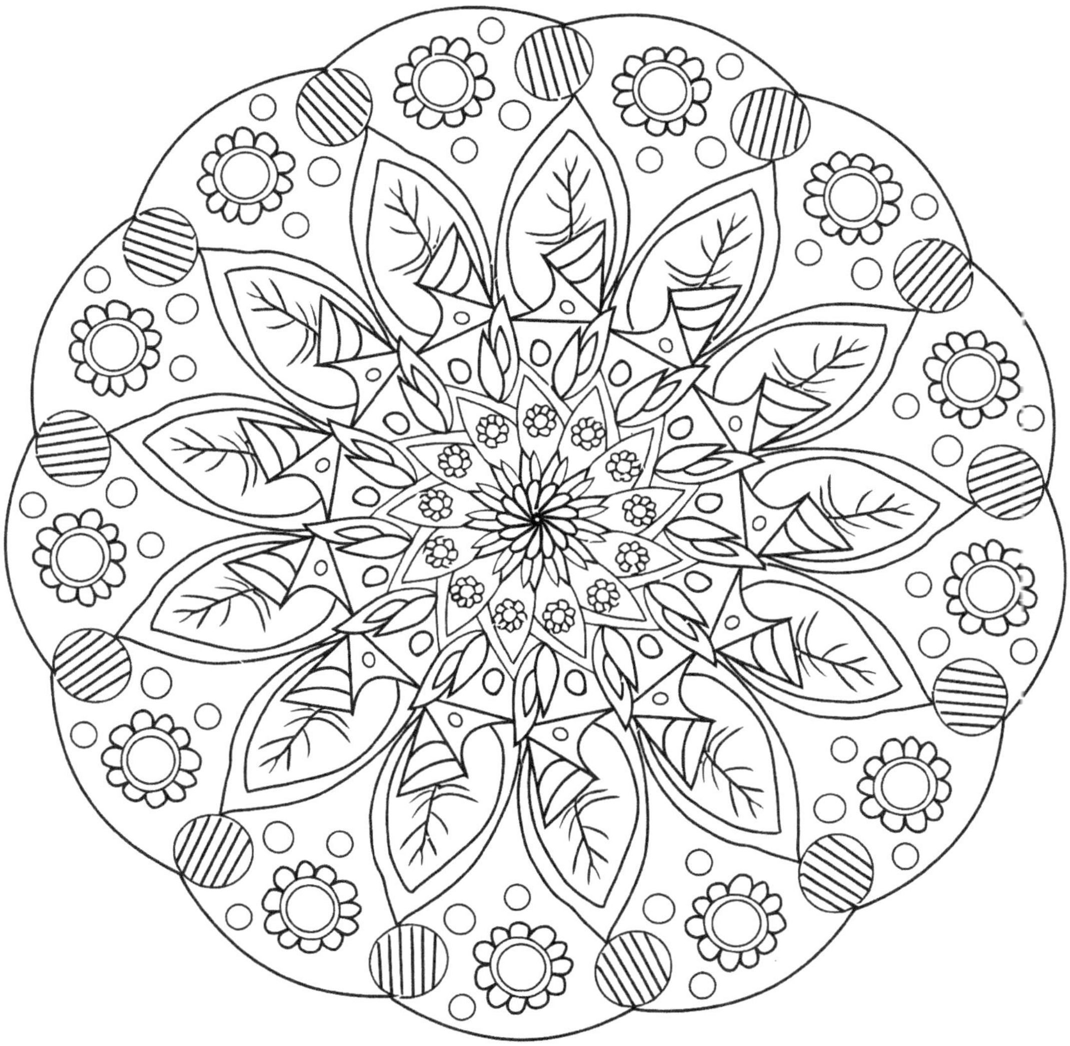

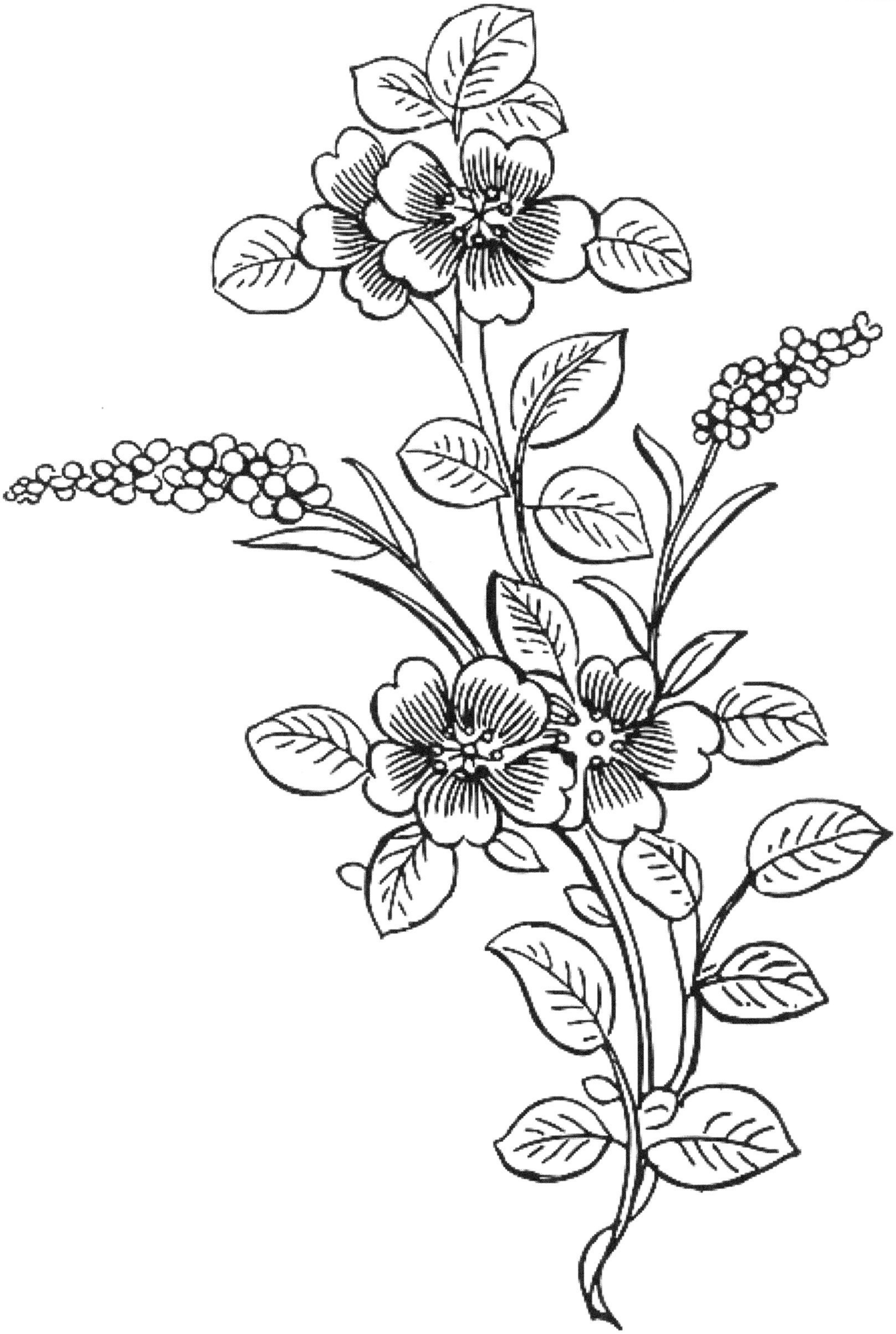

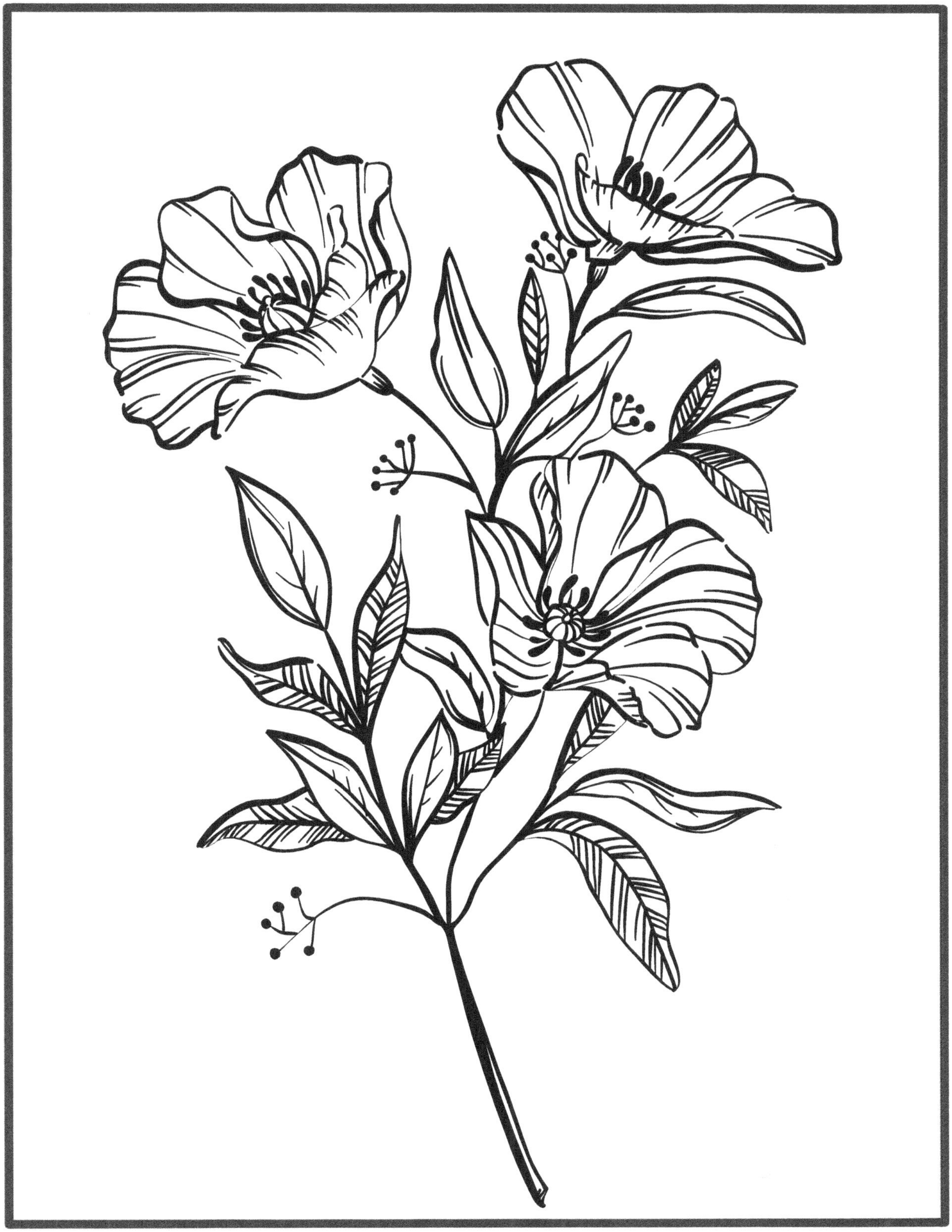

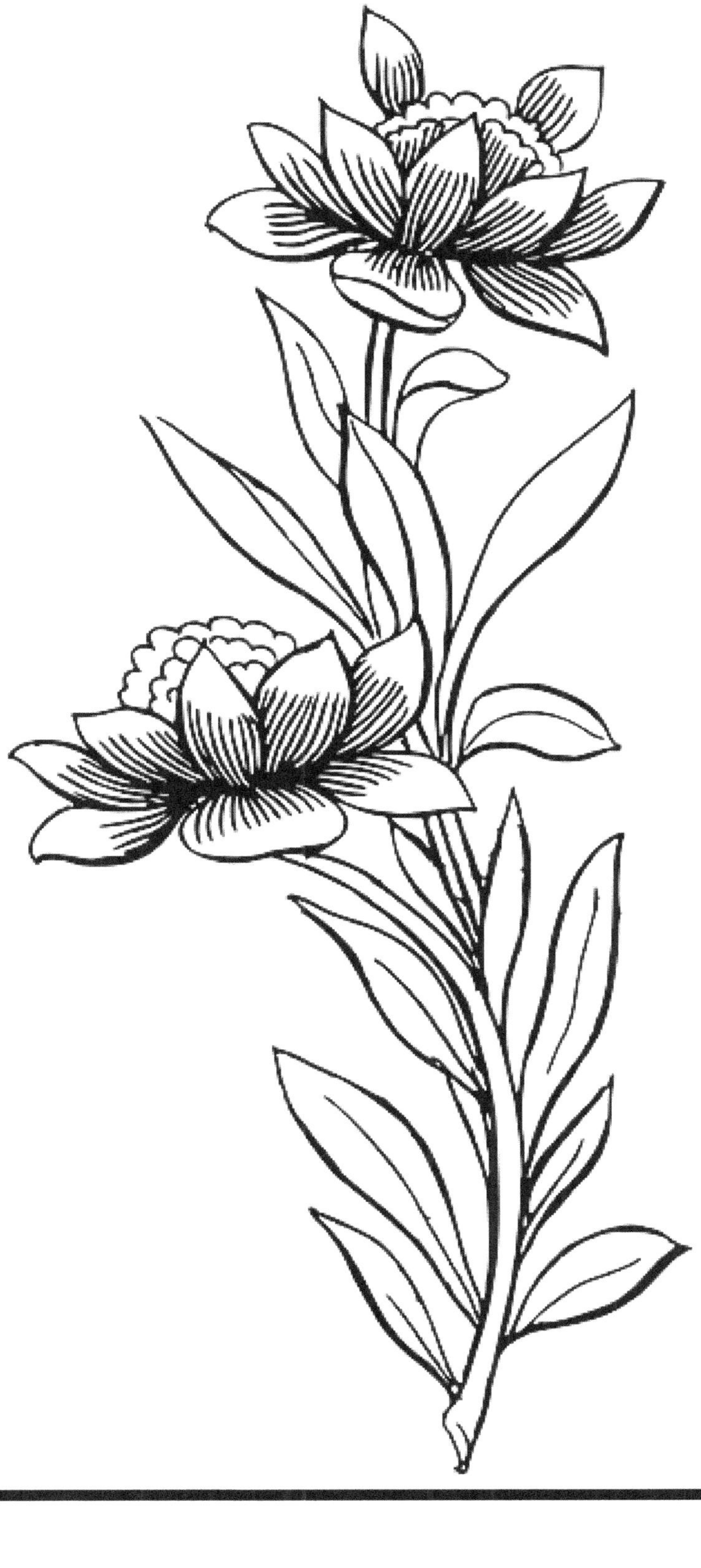

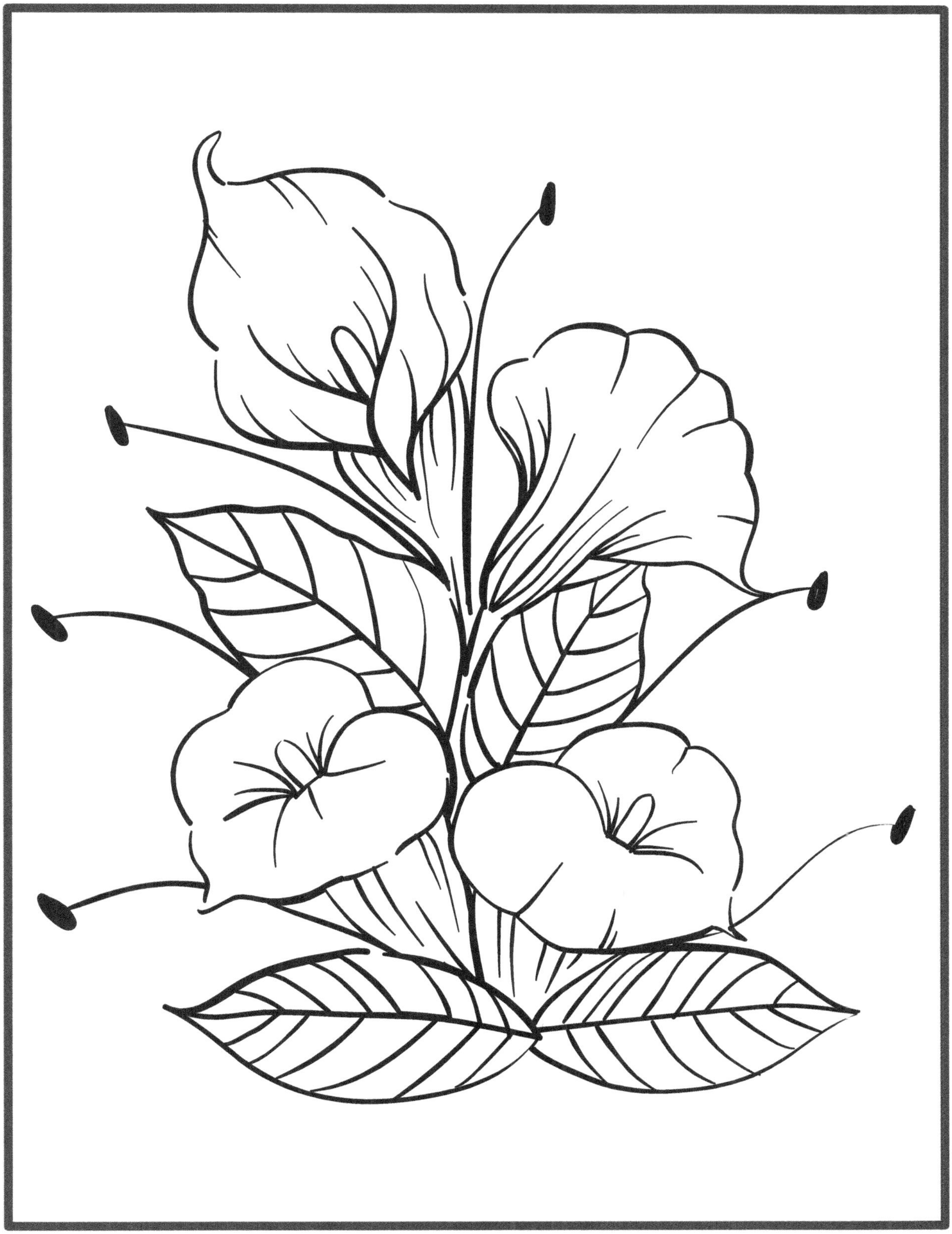

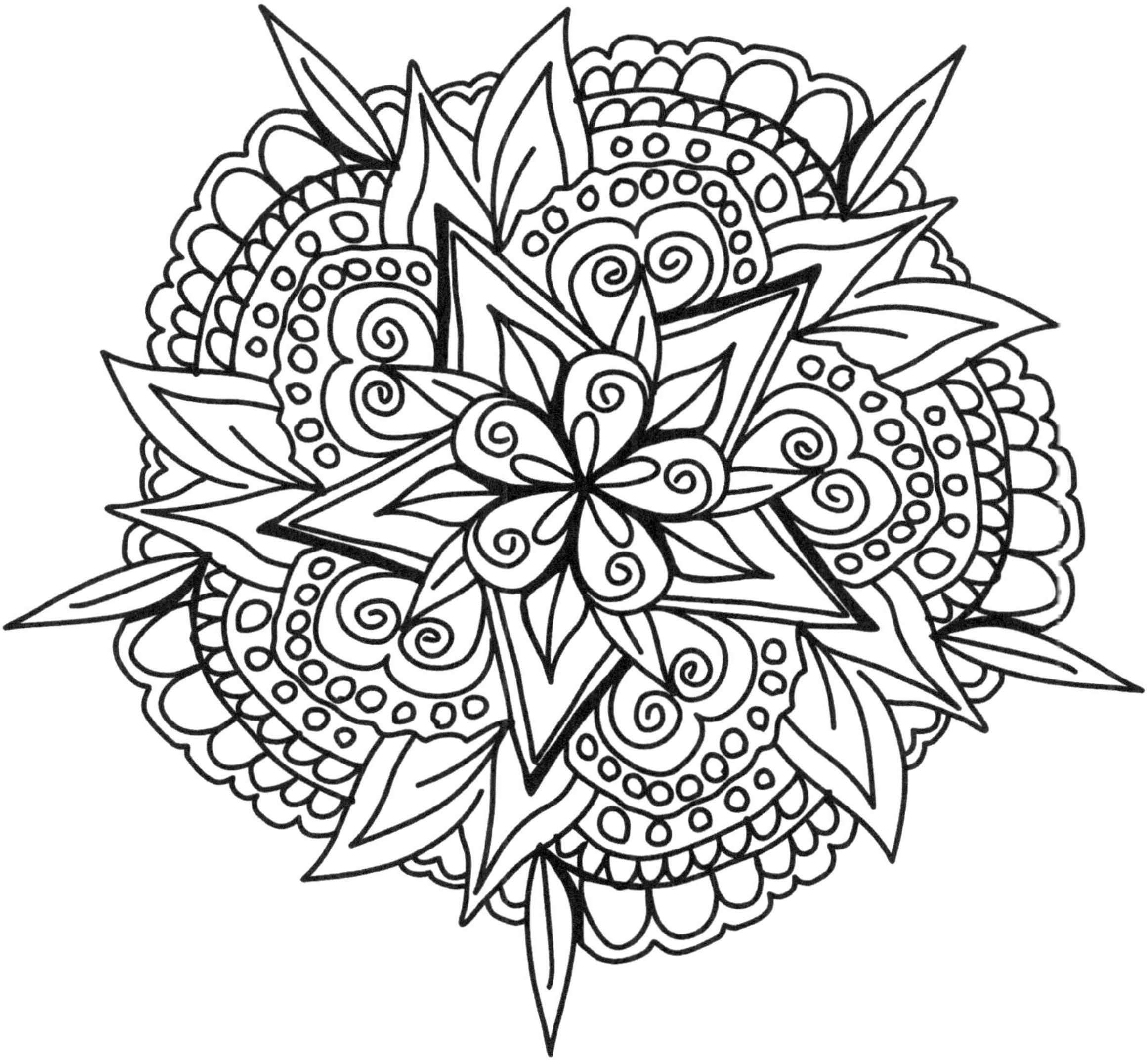

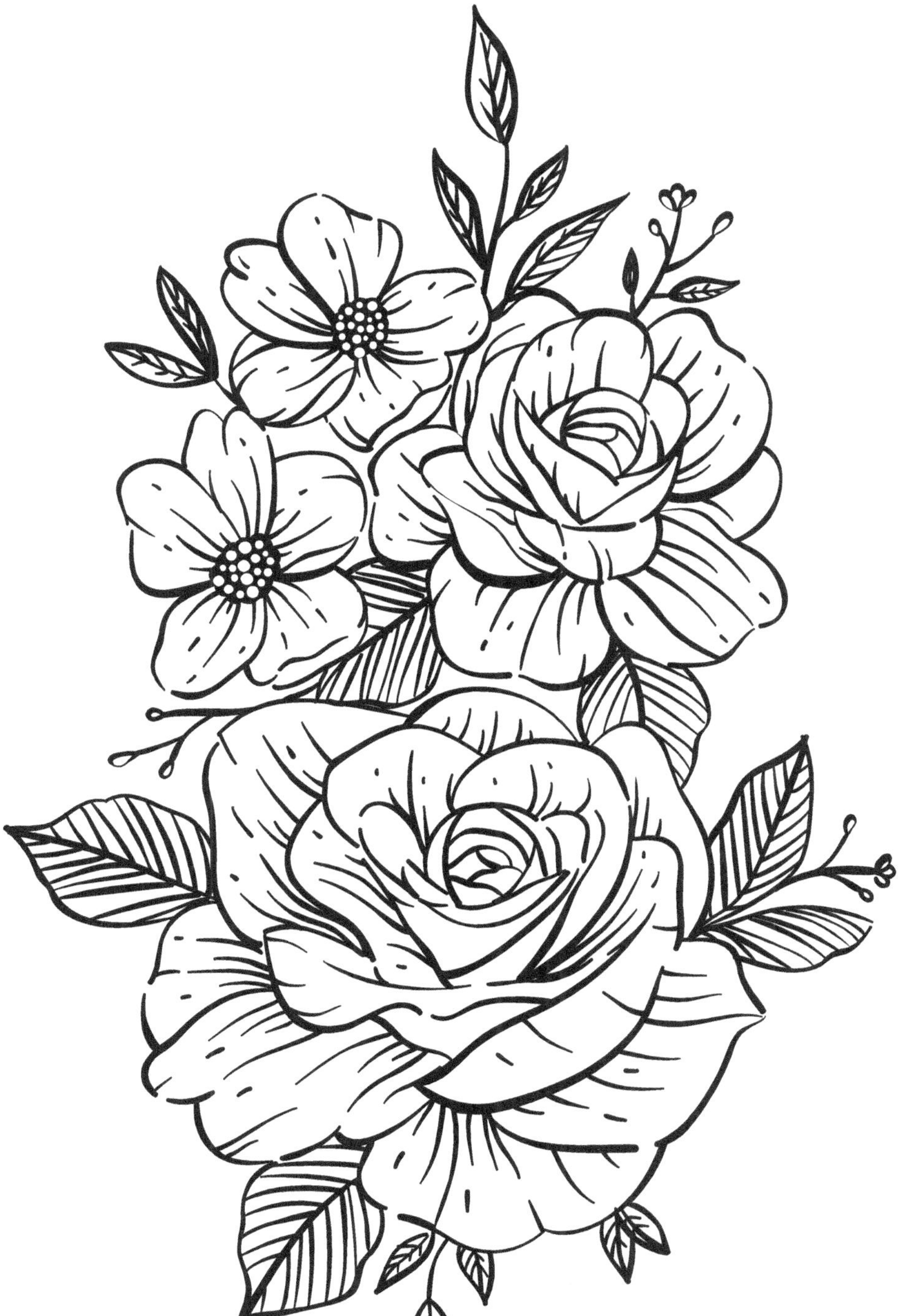

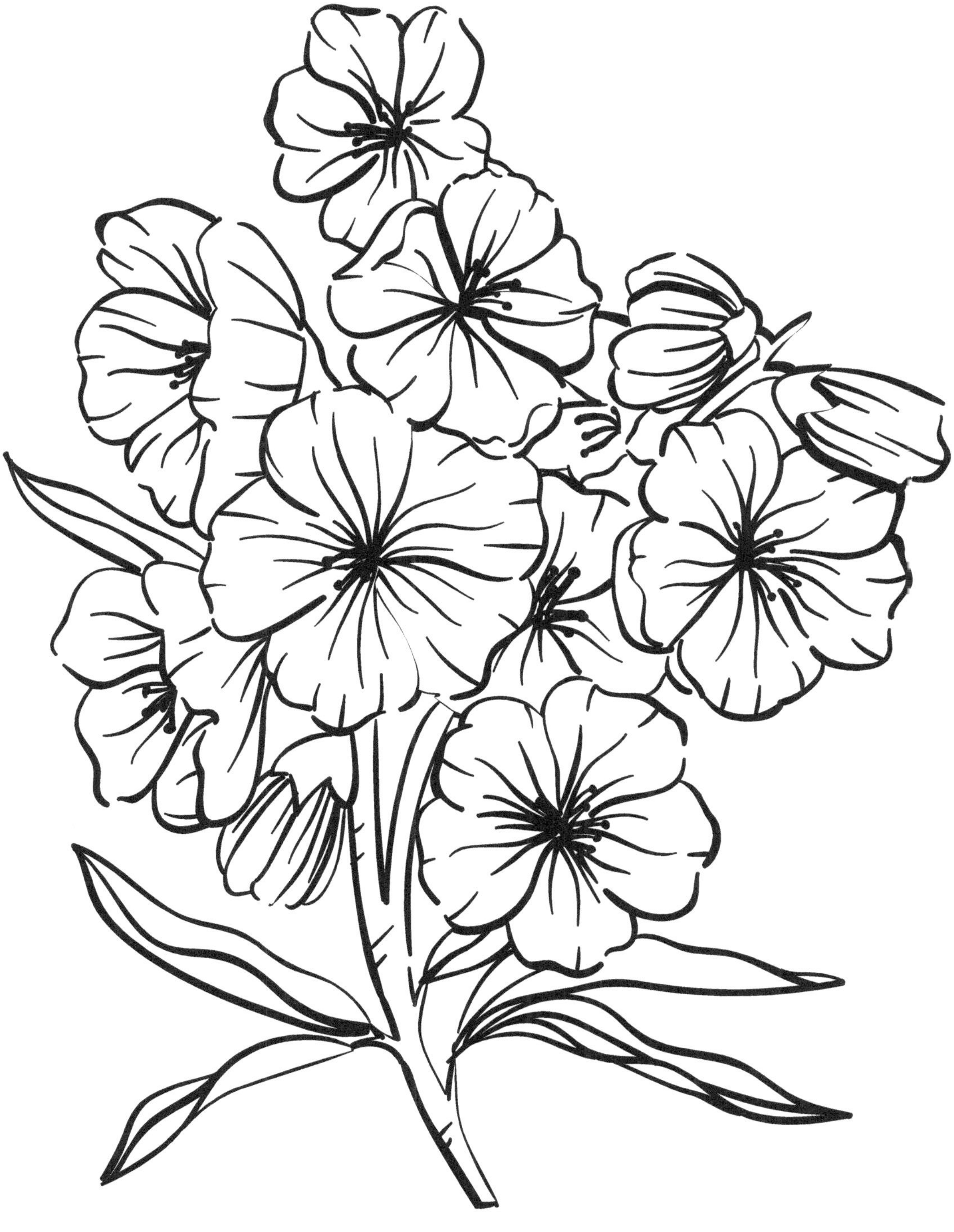

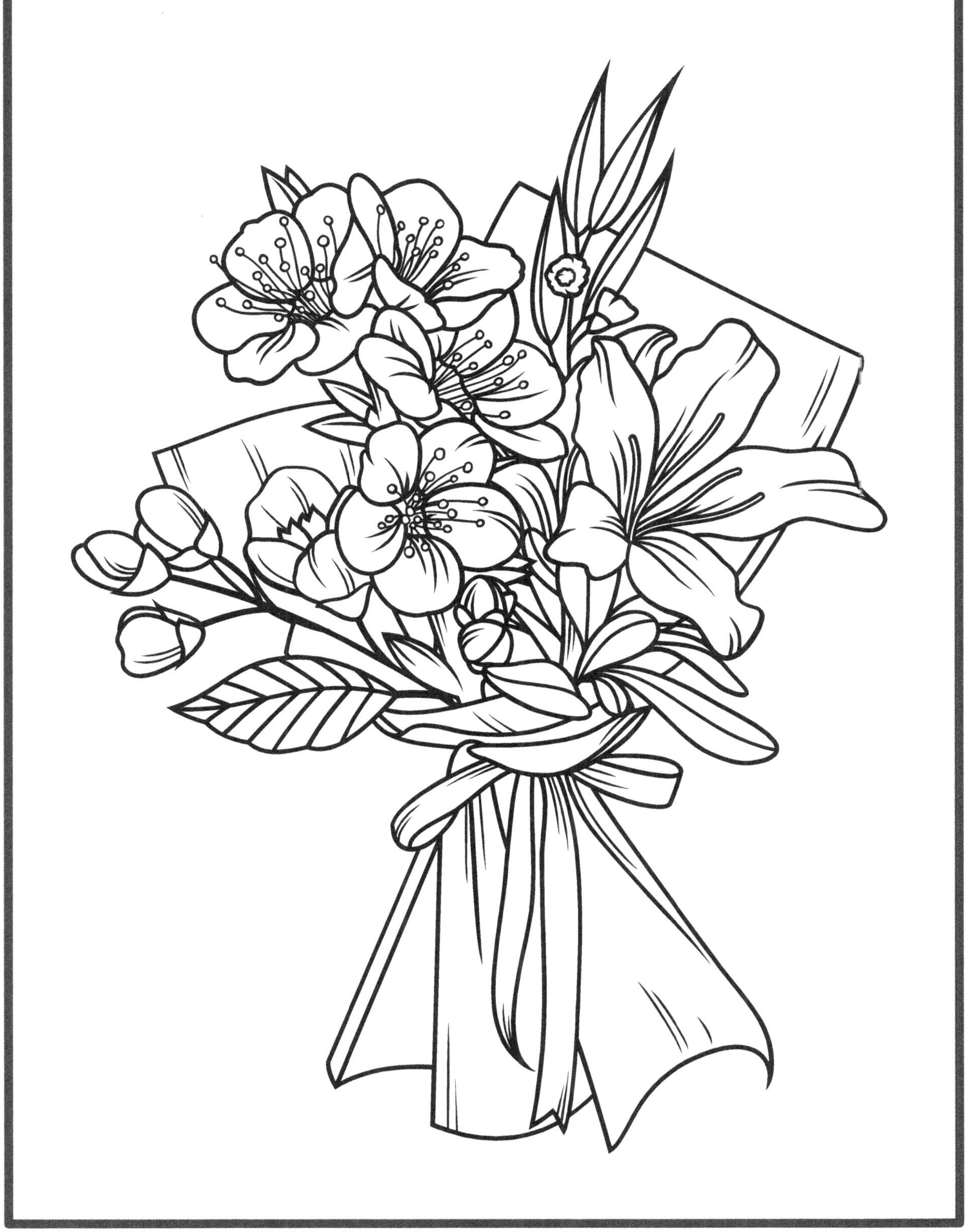

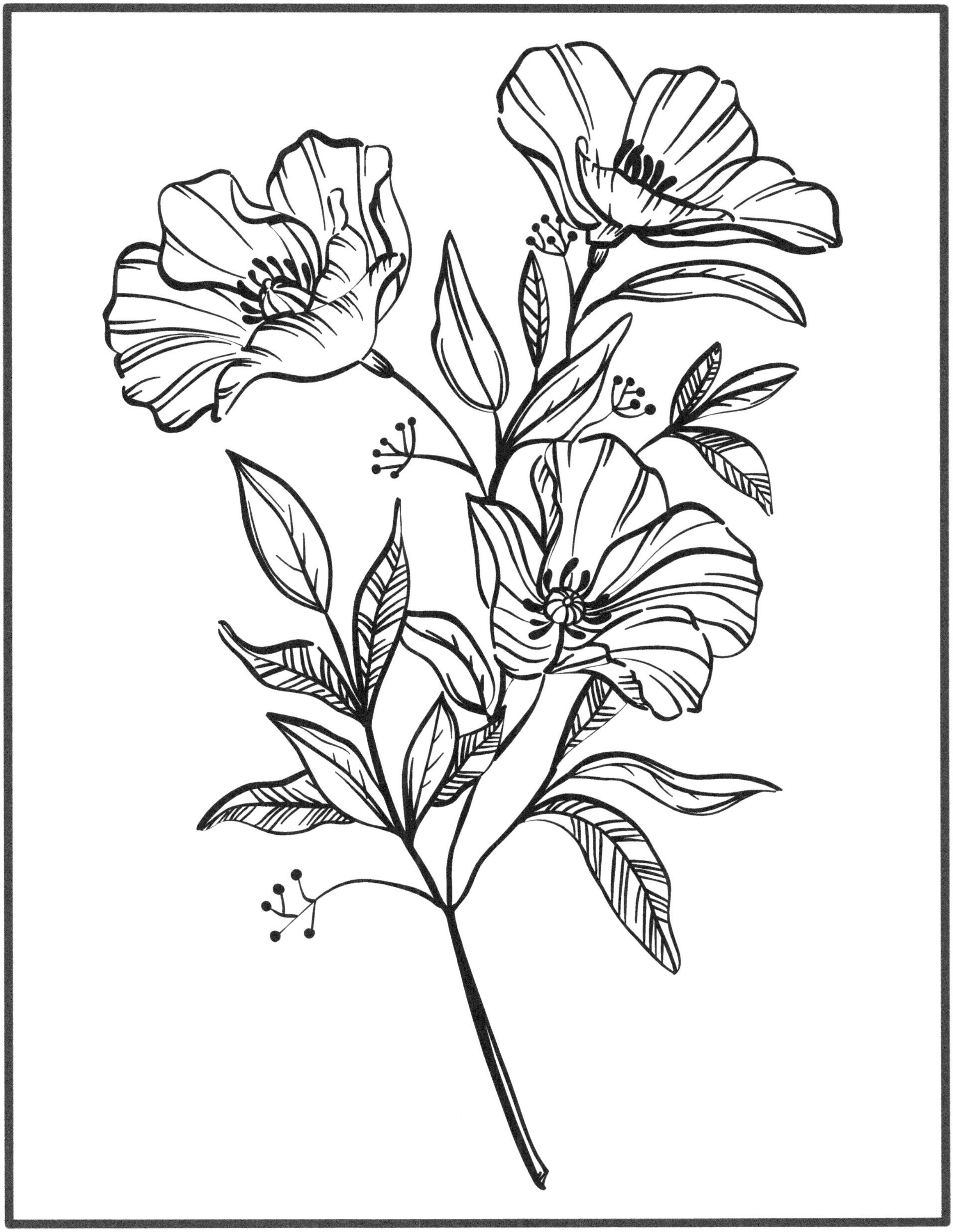

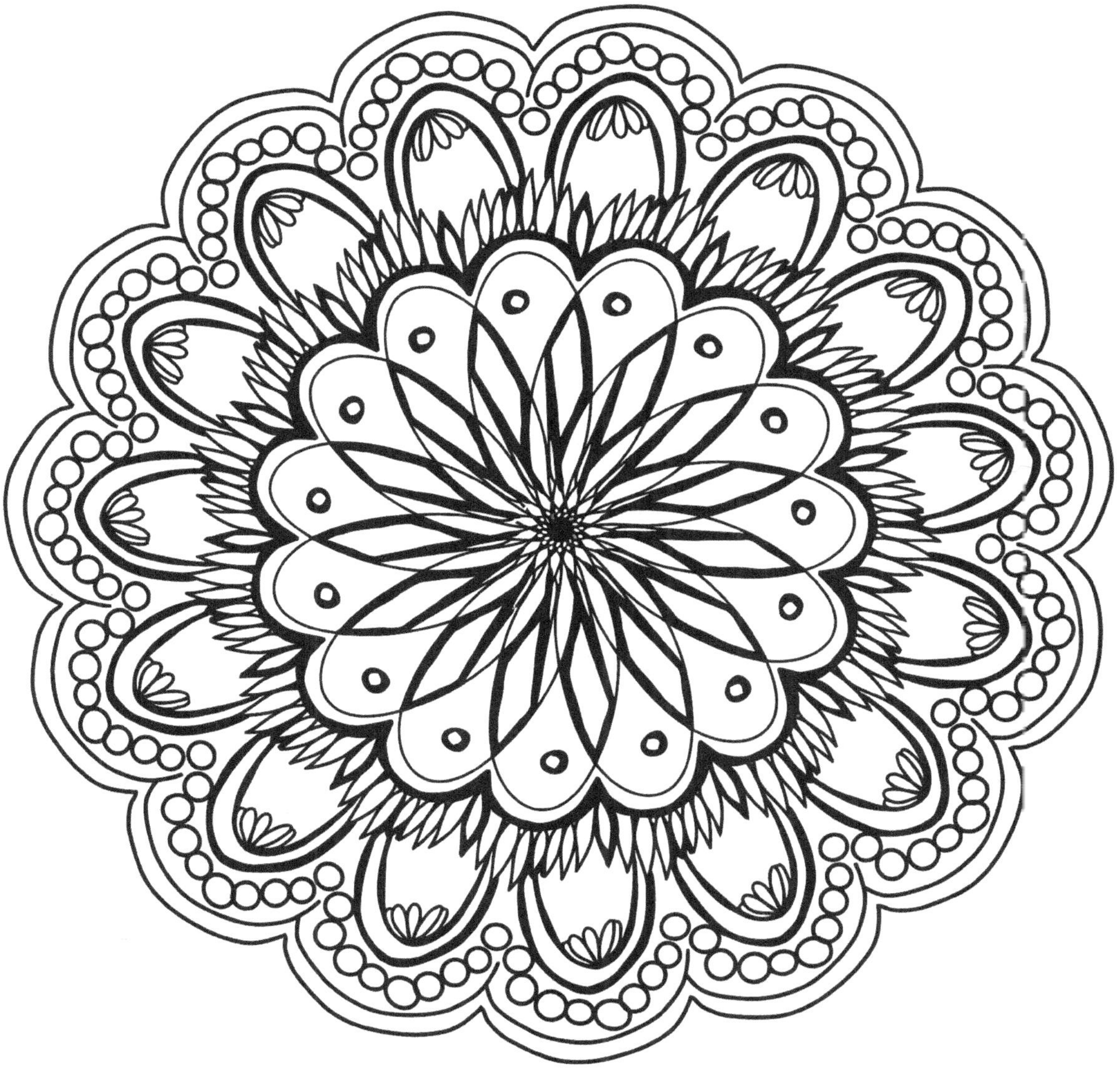

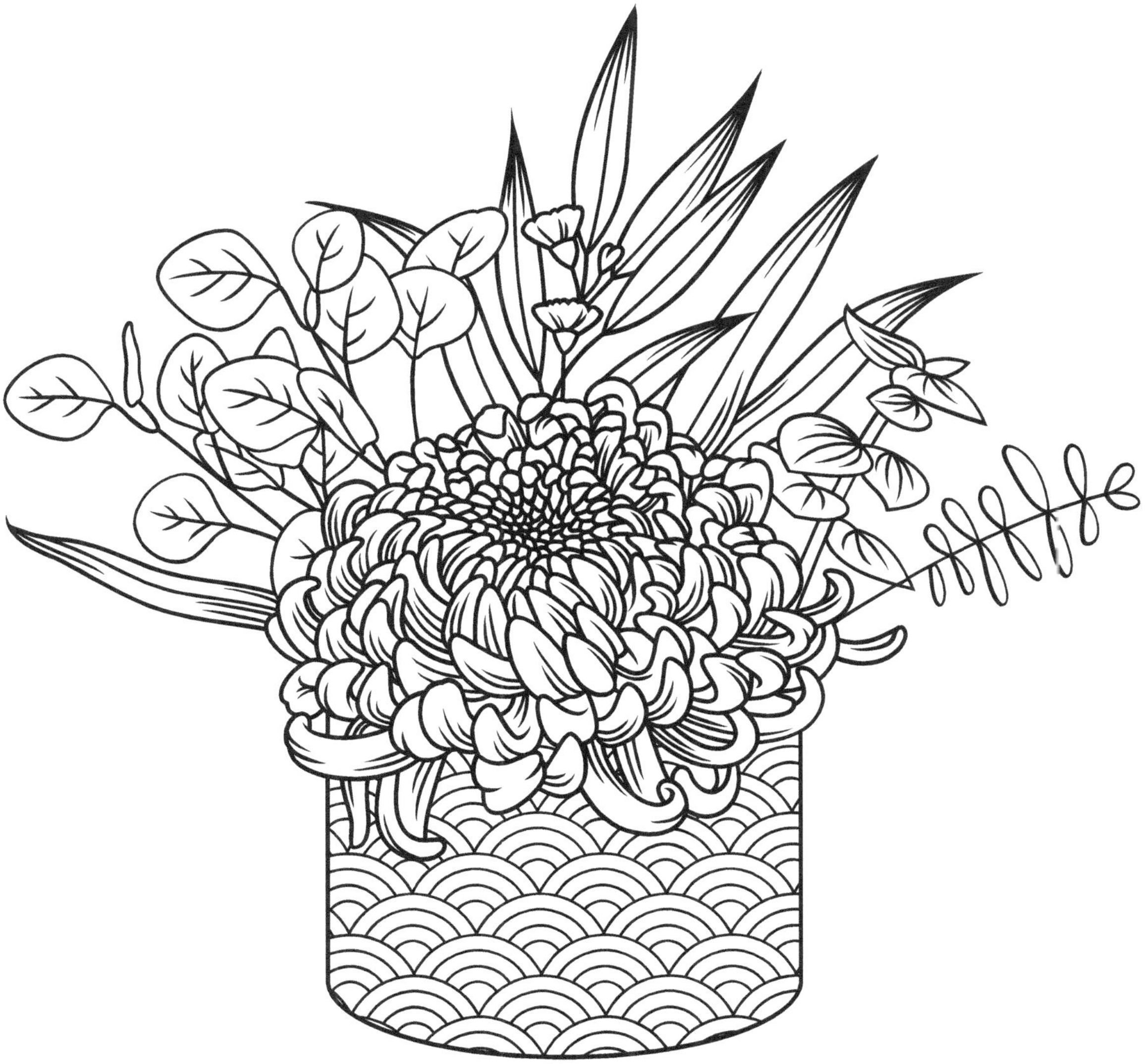

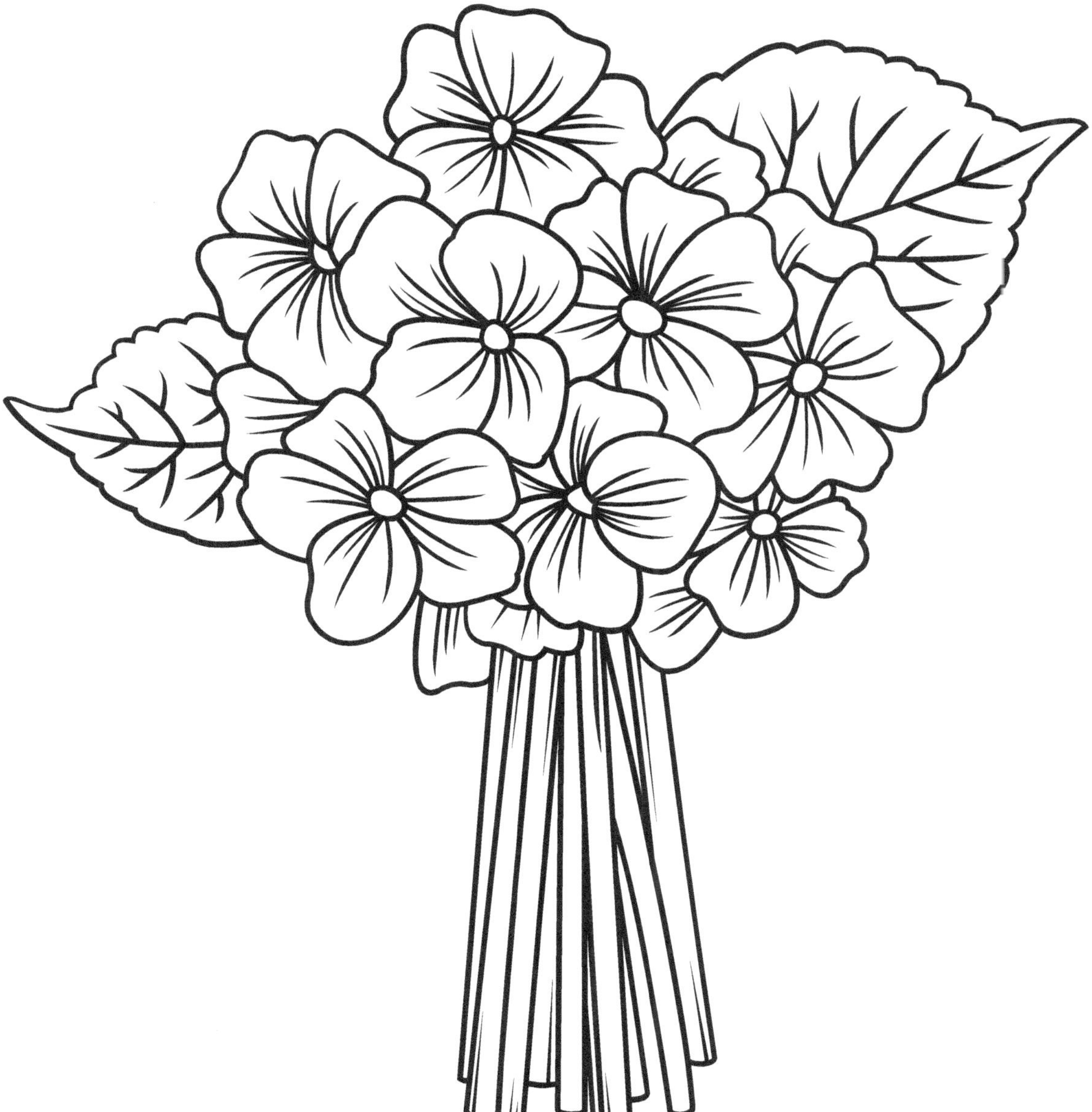

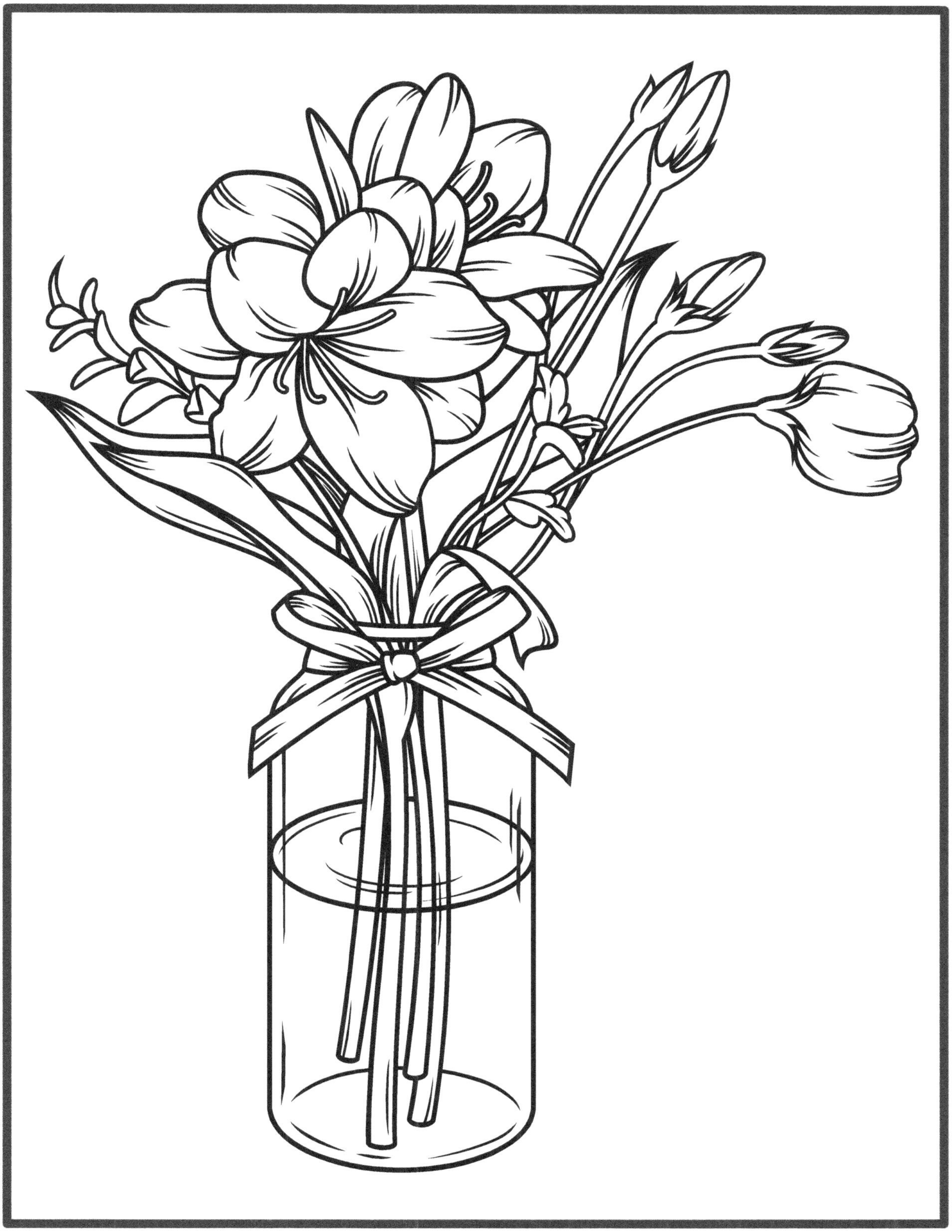

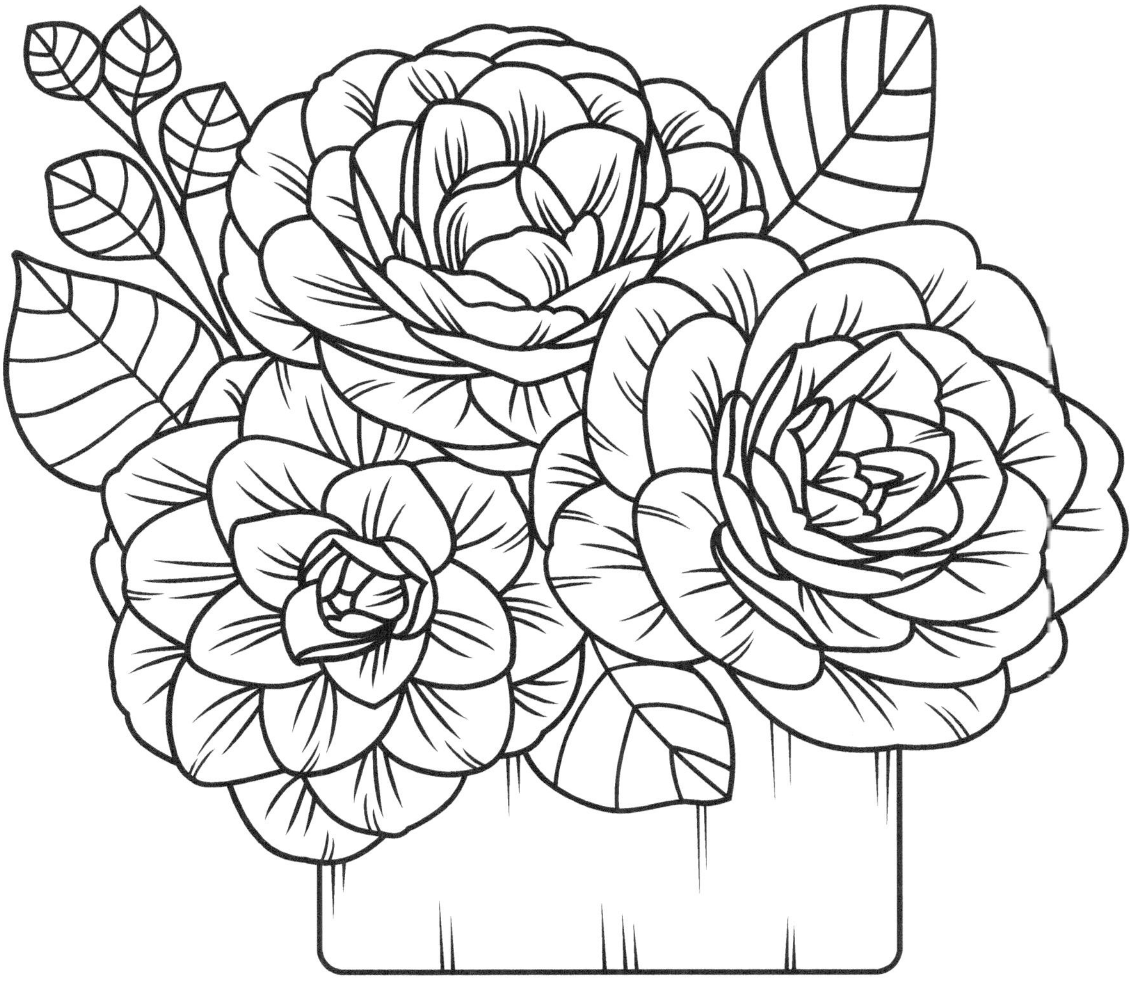

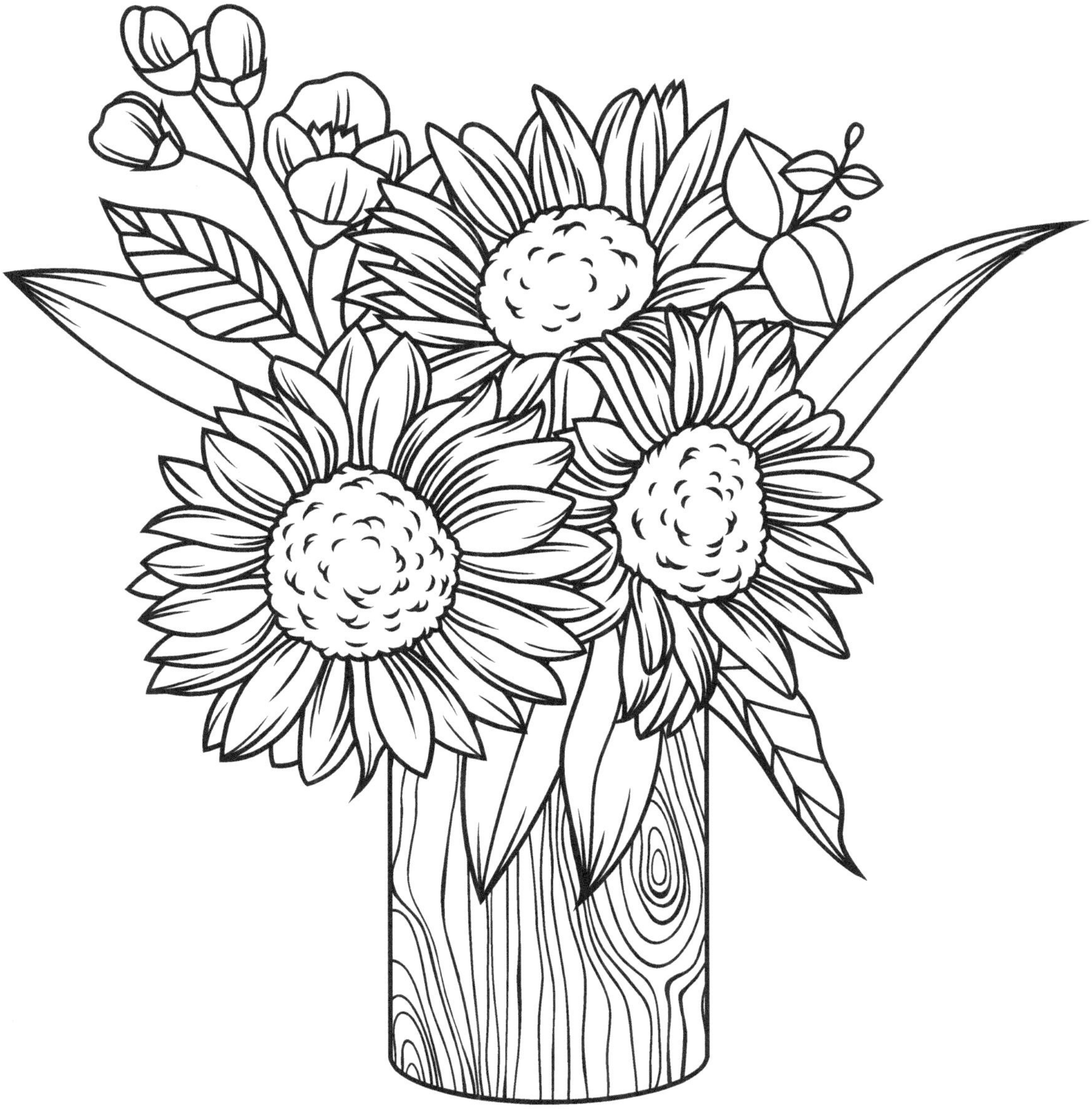

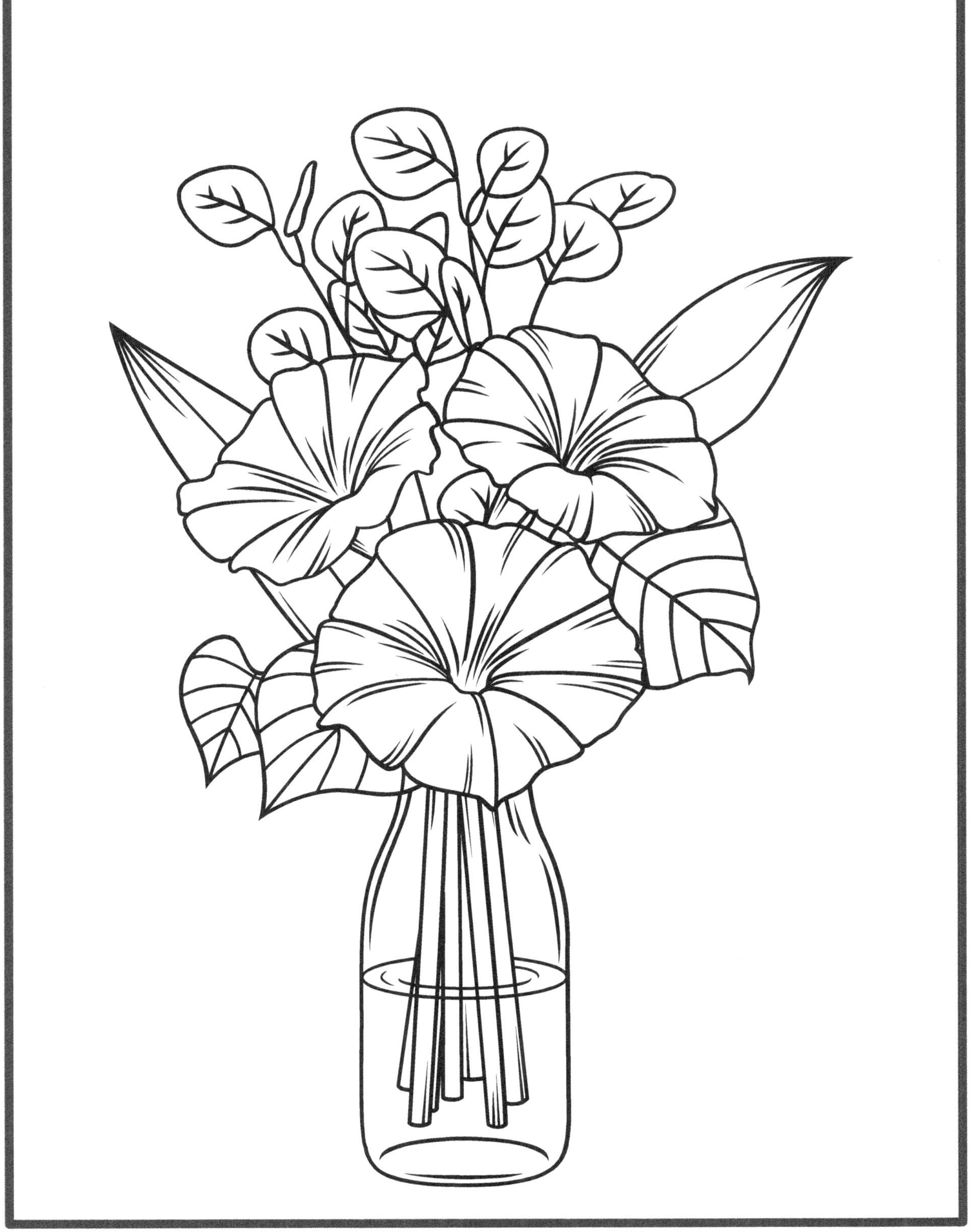

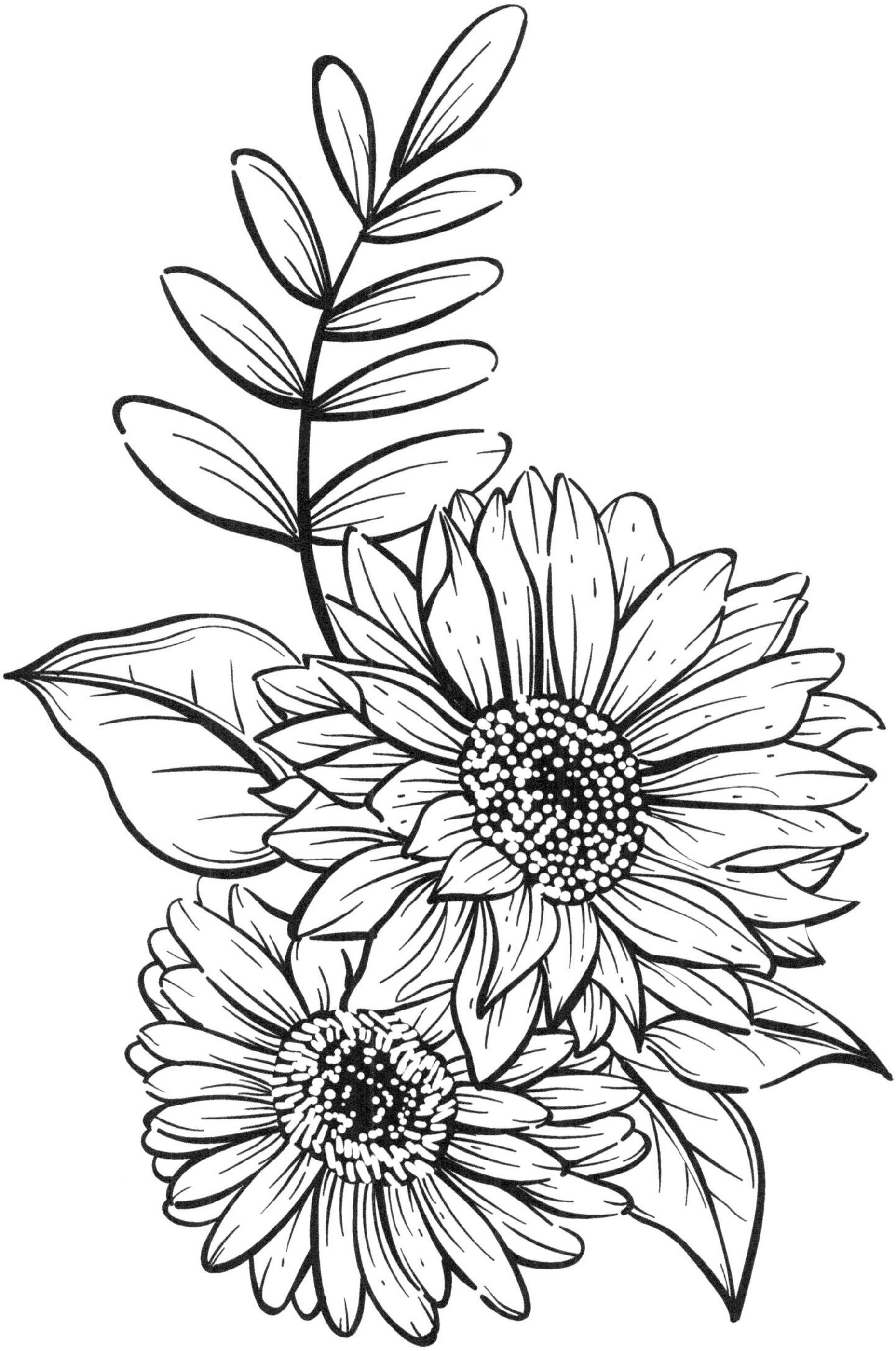

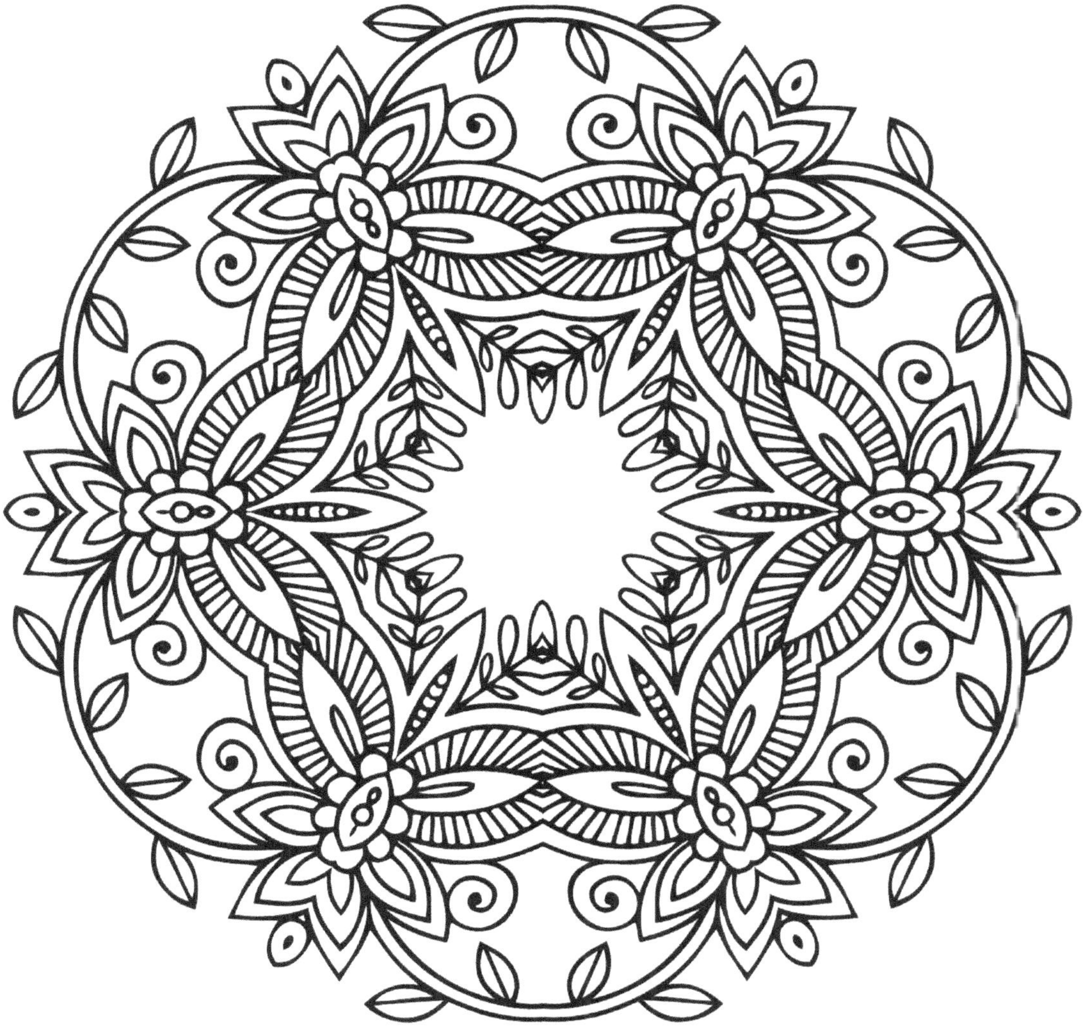

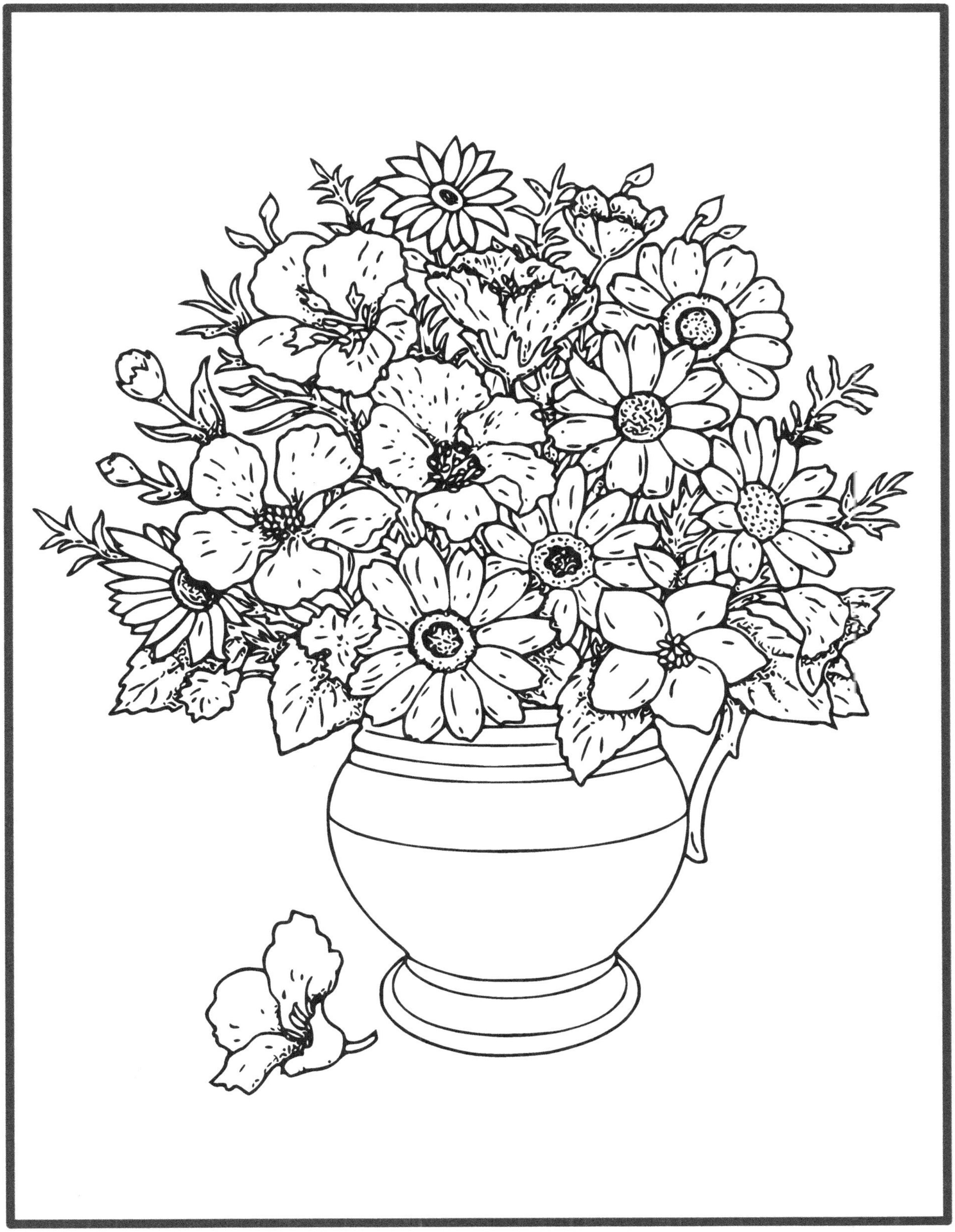

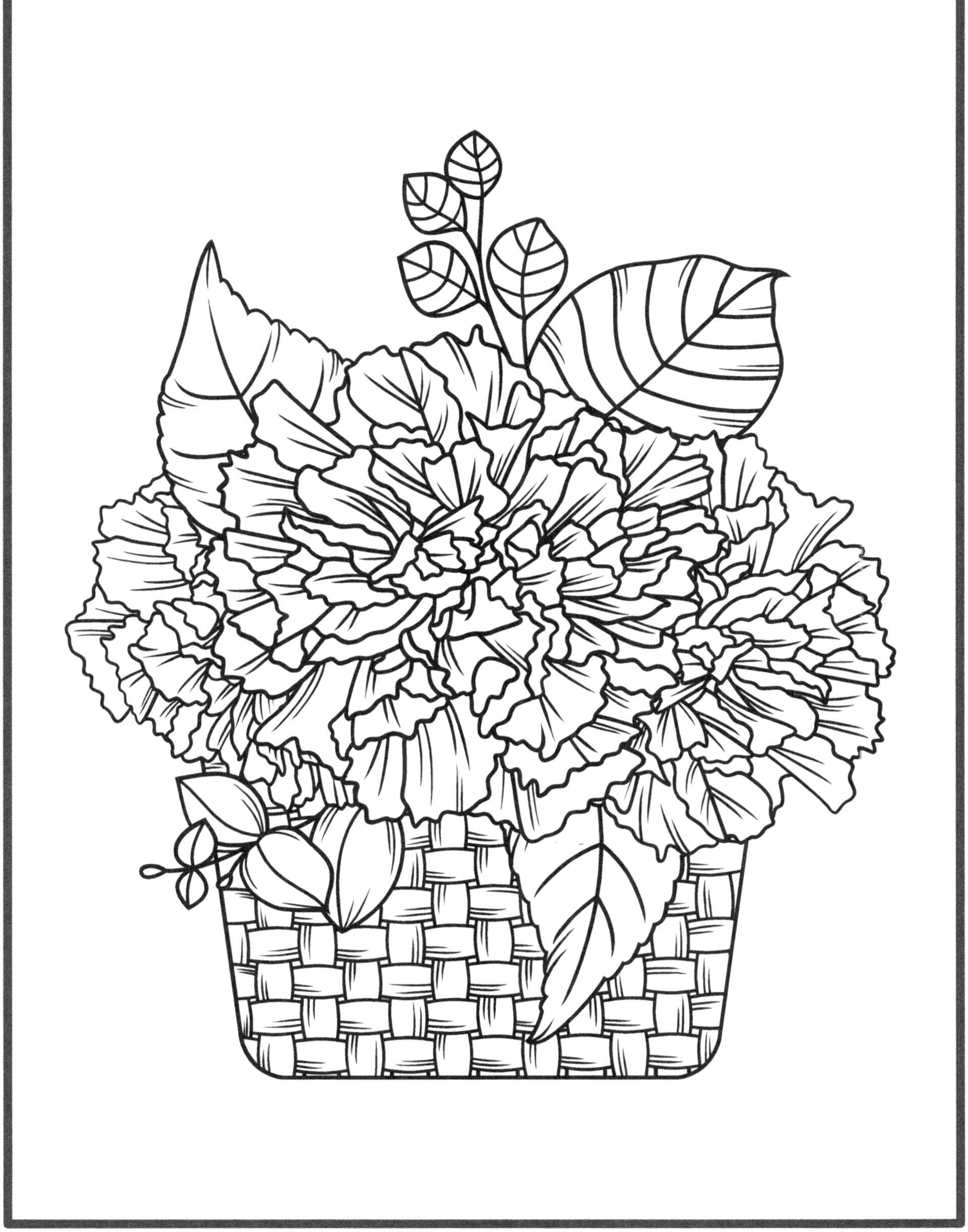

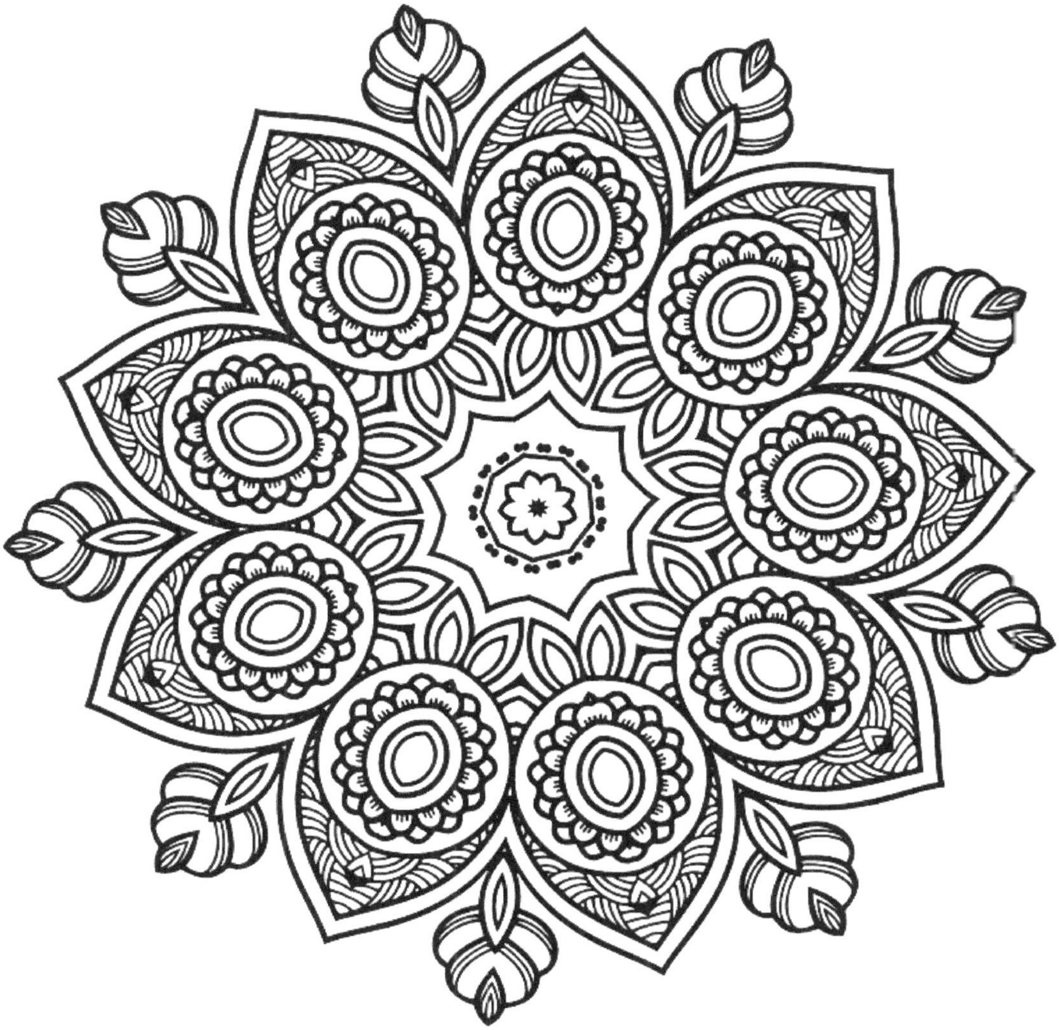

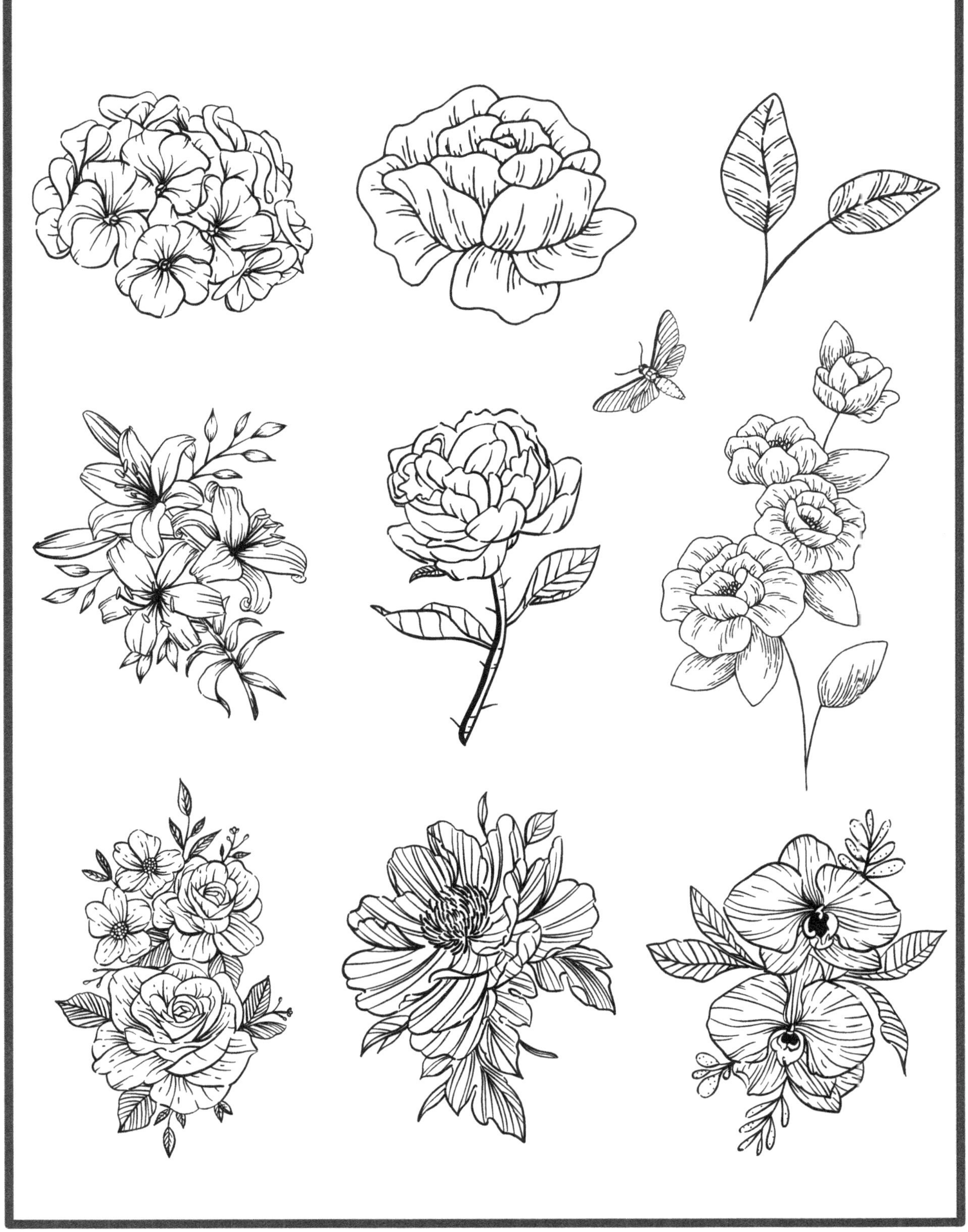

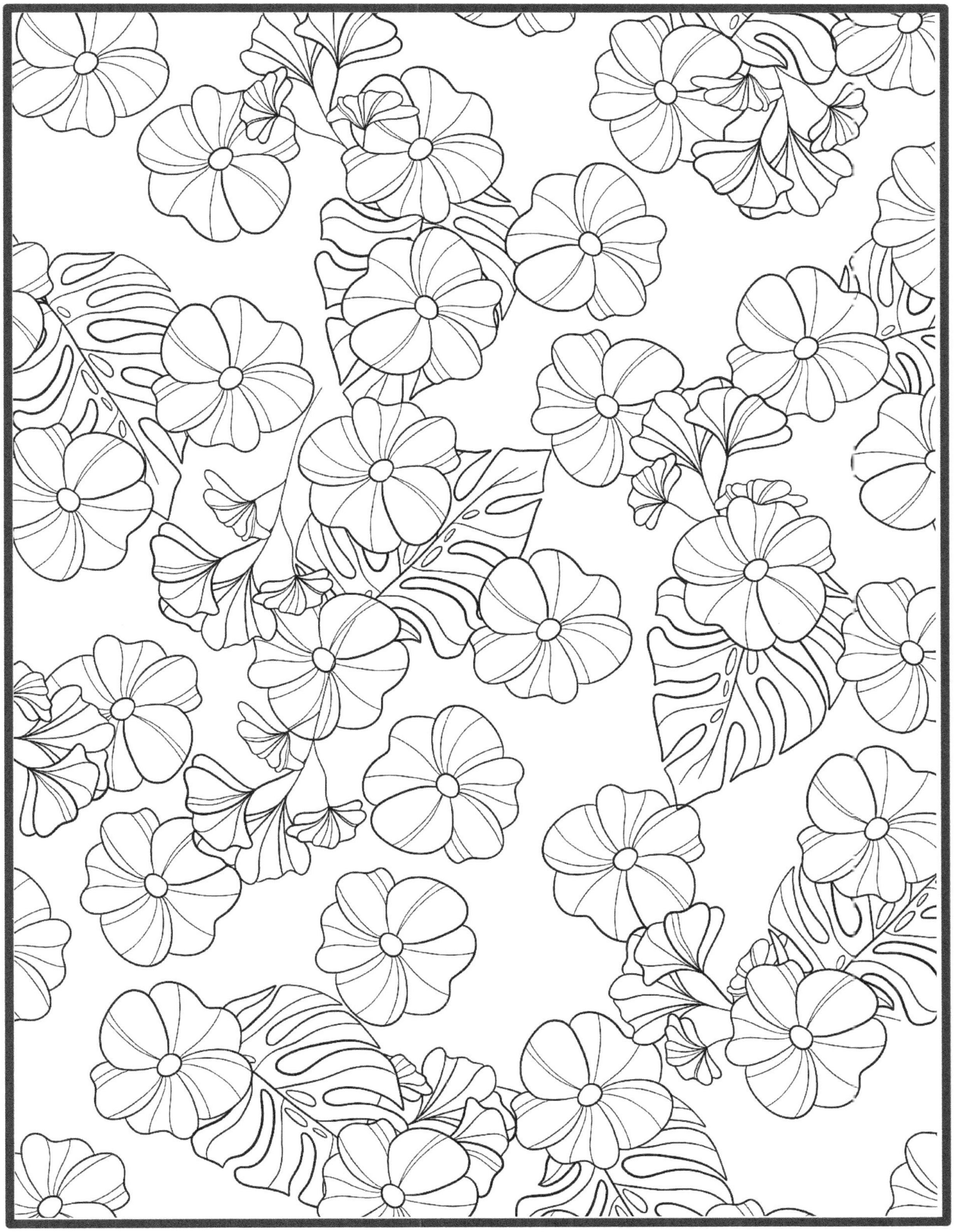

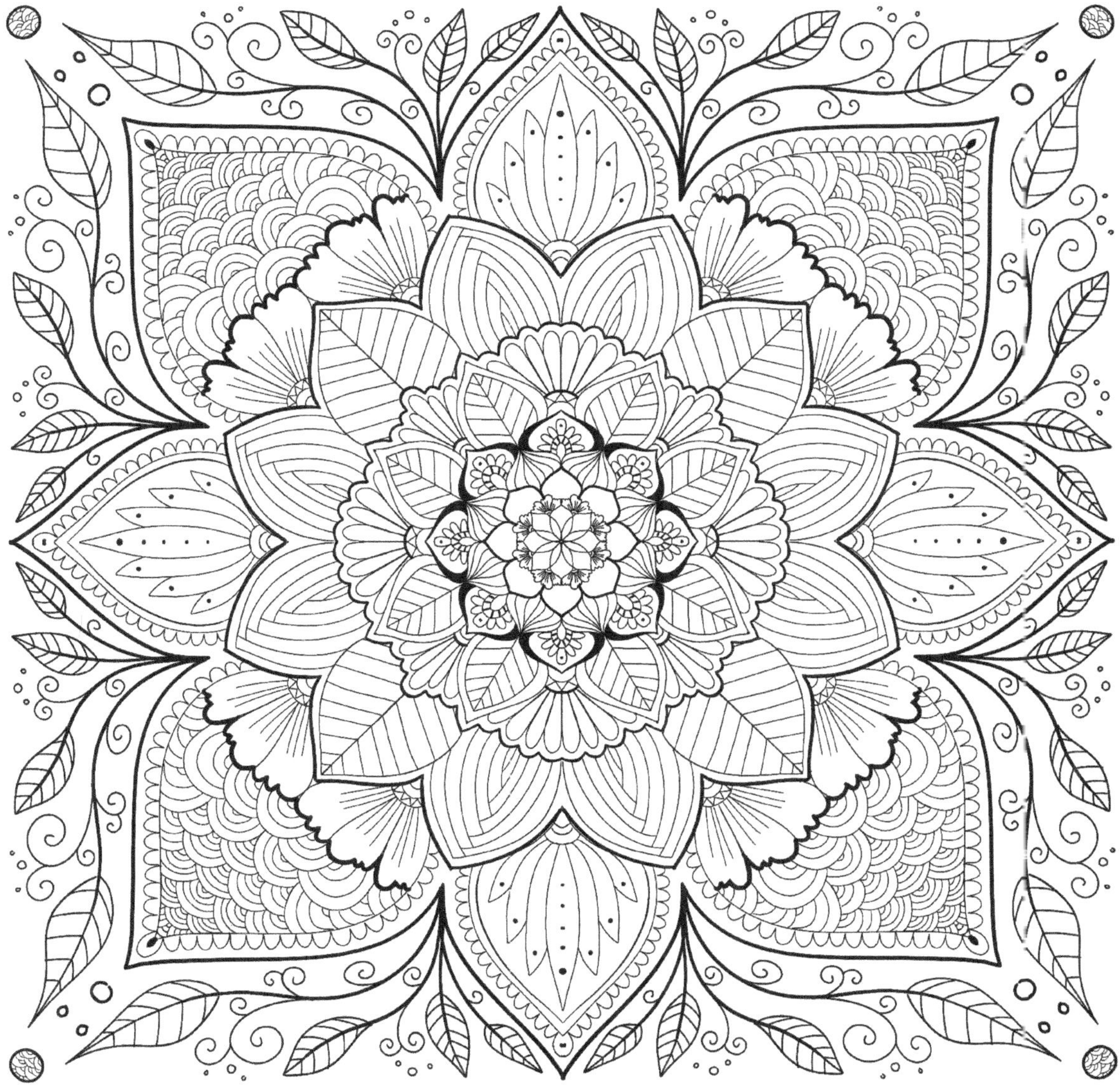

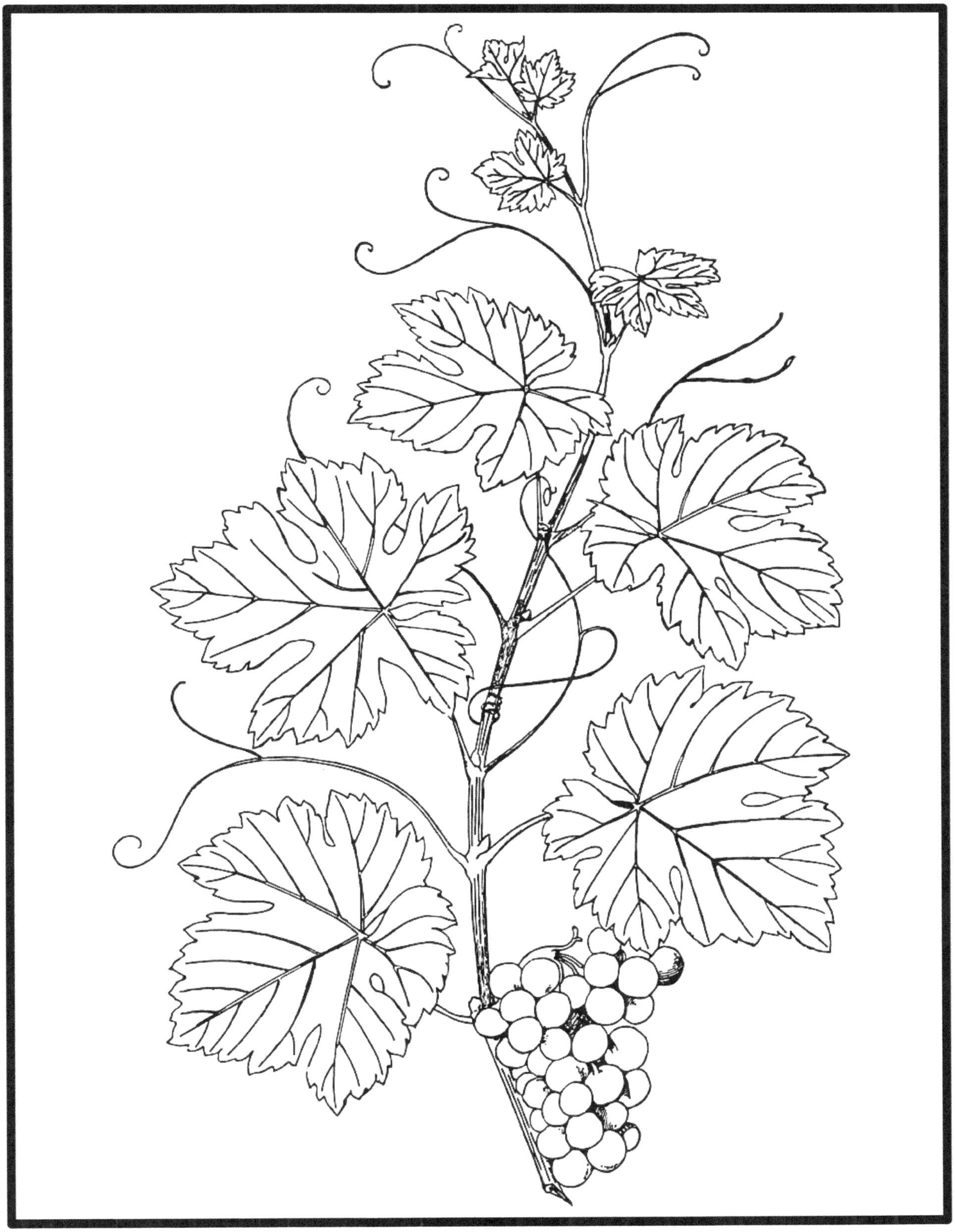

www.ingramcontent.com/pod-product-compliance
Lightning Source LLC
Chambersburg PA
CBHW082114220526
45472CB00009B/2172
* 9 7 9 8 4 1 7 5 7 0 9 2 6 *